銀座のママに「ビジネス哲学」を聞いてみたら

40年間のクラブ経営を可能にした、なるほどマイルール48

伊藤由美

ワニブックス
PLUS新書

はじめに

多くの政財界のお客さま、企業人のお客さまと接している銀座のクラブのママは、よく「人間観察のプロ」「コミュニケーションのプロ」「おもてなしのプロ」などと言われます。確かに、夜の銀座で働く私たちにとってそうした〝心得〟は不可欠なもの。そして「プロ」と称されるレベルに達していなければ、この仕事は務まらないでしょう。

実は、私はもうひとつ、『クラブ由美』のオーナーという「経営のプロ」としての顔も持っています。雇われではなくオーナーママである以上、接客やおもてなしと同時に、ビジネスとしてお店を経営し、運営し、事業を継続していく経営者としてのスキルも求められているのです。

小さなお店、小さな会社ではありますが、経営者としてなすべきことに企業規模の大小は関係ありません。確固たる経営理念を持ち、人を雇ってマネジメントし、顧客（お客さま）サービスに知恵を絞り、ブランディングで同業他店との差別化を図り、事業継続できるだけの利益を追求し、さらにはＣＳＲ（社会的貢献）にも意識を傾ける——。

こうした「経営の基本中の基本」に、地道に、頑なに、不屈の思いで向き合ってきたからこそ、『クラブ由美』は多くのお客さまに認めていただき、愛していただけるクラブに成長することができたのだという自負は持っています。

そして――。今年（2023年）は私にとって、『クラブ由美』にとって、開店40周年という大きな節目となります（4月で開店満40年です）。

銀座の片隅で『クラブ由美』という小さな花が咲いたのは、1983年4月11日のこと。以降、時代の流れや社会情勢の変化のなかで挫折や失敗を繰り返し、幾度となく困難の壁に阻まれながらも、折れることなく、枯れることなく、銀座の土地にしっかりと根を張って40年間、毎夜、花を咲かせ続けてきました。

そして節目の年を迎えるにあたって、ふと考えたのです。

銀座を愛し、銀座に自分の城を持ち、銀座で生きていくという自分らしい人生を真っ直ぐに貫き通すために、私は何を考え、どうやって生きてきたのだろうか、と。

お客さまと接し、オーナーとして店を経営してきた年月のなかで、何を学び、何を感じ、何を得て、どう成長したのか。何が変わったのか。何が変わらなかったのか――。

自分に対するその問いへの答えとは、大げさな言い方をすれば、クラブのママとしての私の哲学であり、経営者としての哲学であり、人生の哲学でもあります。

僭越《せんえつ》ながら本書は、全力で駆け抜けてきた40年の銀座人生を振り返り、そのなかで私が学び得た人生と仕事の哲学をまとめておこうと考えて書かせていただきました。

銀座で生きるという人生を踏み出す原動力となった「夢を叶える」ための哲学。

壁や理不尽にも屈しない「困難を乗り越える」ための哲学。

一流のお客さまと接するなかで学び得た「ビジネスで成功する」ための哲学。

クラブのママとしての矜持《きょうじ》でもある「コミュニケーションとおもてなし」の哲学。

夢や希望を持ち、その夢をあきらめず、常にポジティブに、多くの人とつながりながら、懸命に仕事と向き合って生きていく——。恥ずかしながら披歴した私のつたない哲学から、たとえひとつでも、ひと言でも、みなさまに共感していただけたら、みなさまの人生や仕事の参考にしていただけたら、とても嬉しく思います。

第1章

夢を描き、踏み出す——やりたいことを形にする哲学

由美ママのマイルール①

夢は計算できるものじゃない

林芙美子の小説『放浪記』に出会って〝カフェーの女給になりたい〟という夢を抱き、雑誌で見かけた銀座のクラブで働く女性たちの記事に、夢が叶う可能性を見出した――。

そうだ、銀座へ行こう。

銀座でクラブのママになろう。自分の店を持とう――。

私が人生の夢と目標を見つけたのは、今から45年前のことです。当時の私はまだ、地元・名古屋で進学校に通う普通の女子高生でした。

その夢が大きく動き出したのは、雑誌記事を見た数日後のこと。父の書斎で偶然に、机の上に置いてあった銀座のクラブのマッチを見つけました。

今思えば、何かの導きだったのかもしれません。私はそのとき、今でも自分で驚くほど大胆な行動に出ました。そのマッチに書かれていた「クラブ花」というお店に「そちらのお店で働きたいのですが――」と直接電話をかけたのです。

無茶で無謀で無鉄砲もいいところです。でも、自然に体が動いていました。「本当に自分にできるのか、やっていけるのか」なんて考えはゼロ。それどころか、頭の中ではすでに、銀座のクラブで楽しく立ち働く自分自身の姿をイメージしていました。

単純と言えば、単純なのかもしれません。ただ、胸にあったのは「できる」「行ってしまえば何とかなる」という、ひたすらにポジティブな〝思い込み〟だけだったのです。

銀座のクラブを舞台とした私の今の人生は、ここから始まったと言っていいでしょう。


私がこうした自分の経験を通じてひとつ申し上げたいのは、「夢というのは、頭で描けるものではない」ということです。

夢があっても、頭の中で「できるか、できないか」とか「それで生活できるのか、食べていけるのか」と考え始めると、どうしても現実ばかりが先に立ってきます。

すると、人はマイナス思考へと流されてしまいます。そして、できる可能性を追う前に、実現の条件ばかりを並べてしまうのですね。

そもそも心に思い描く夢とは、そう容易《たやす》く実現できるものではありません。でも、だからこそ「夢」なのです。だからこそチャレンジする価値があるのです。

無理やり先回りして、最初から先読みして、できない理由ばかりを持ち出して、追いかける前に夢へのチャレンジをあきらめてしまう——何ともったいないことでしょう。

ですから、**頭の中で「可能性を計算する」前に、まずは自分の心に「やりたいのか、叶えたいのか」を問いかけるべき**だと思うのです。

頭で計算した実現の確率よりも、夢への思いの強さを大事にする。それが夢を実現に導くために最初に踏み出す一歩なのだと、私は考えます。

由美ママのマイルール②

自分の夢は「ビッグマウス」で語っていい

18歳のときに名古屋から単身上京し、銀座のクラブ『紅い花』（電話をかけた『クラブ花』の姉妹店です）で働き始めた私は、人生における具体的な目標を決めていました。
それは、

1年で一流と呼ばれるクラブのナンバーワンホステスになる。
3年で銀座のクラブの〝雇われママ〟になる。
5年で自分のお店を持って、オーナーママになる。

というものです。そしてその目標を、先輩や同僚のホステスだけでなく、お店のお客さまにまで堂々と公言していたのです。

「私、5年で自分の店を持ってママになります！」

今考えると、上京したばかりの〝ポッと出〟の十八の小娘が、何という大胆なことを言い出したものかとお恥ずかしい限りなのですが――。でも同時に、今になって考えれば「これでよかった、これがよかった」とも思っています。

なぜなら、山に登るなら最初から「頂上を目指す」ことを目標にすべきと考えるから。本心では頂上まで登りたいのに、登り始める前から「もしダメでも、5合目まで到達できればよしとしよう」などと考えていたら、本当にそこまでしか到達できません。**現実と夢とを秤にかけて、最初からゴール地点を「手が届きそうなレベル」に設定してしまうと、ゴールへの意識も努力も、そこまでで終わってしまう**ものなのだと思います。

ですから、どんなに困難であっても、本当に叶えたい夢を最終ゴールとして堂々と目標に掲げ、それに向かってチャレンジするべきだと思うのです。「5合目じゃない。自分は絶対に山頂を目指す」と堂々と宣言すればよいのです。

手が届くところにあってすぐに手に取れる堅実な夢よりも、なかなか手の届かない遥かな高みにある大きな夢のほうが、手に入れたときの達成感やそのプロセスで得られる成長も格段に違うはずです。こんな歌詞の歌、ありましたよね。

アスリートが試合前から優勝宣言したり、格闘家が対戦前からＫＯ宣言したり、自信過剰なまでに〝大口を叩く〟ことをビッグマウスと言います。かつてはサッカーの本田圭佑選手も「ワールドカップ優勝」を口にして、ビッグマウスだと話題になりました。

世の中的にはあまりよくないイメージを持たれがちな「ビッグマウス」ですが、それも時と場合によりけりでしょう。

とくに、自分が胸に抱いている大きな夢を語るときくらい、誰もがビッグマウスになっていい、いや、なるべきだと私は思っています。

それは**ただの〝大口〟ではなく、今はまだ遥か遠くにある夢を、必ず実現させる、絶対に叶えてみせるという決意表明になる**のですから。

「５年で自分の店を持ってママになります！」

あの当時、18歳の私が〝ぶち上げた〟決意表明を聞いたお客さまのなかには、「おお、大した度胸だね」「これはまた、大きく出たね」と興味を持ってくださる方、感心してくださる方が大勢いらっしゃいました。

「絶対、銀座で一国一城の主になってみせる。この街で自分の力で生き抜いてみせる」

そんな固い決意を秘めたビッグマウスで、私は自分で自分の人生をエンジン全開でスタートさせました。そこから一気にフルパワーで今まで駆け抜けてきたのです。

自分の夢を信じ、夢の実現を信じて、手近な妥協など決めず、常に最終ゴールを目指して努力する。夢を持つとは、こういうことなのではないでしょうか。

由美ママのマイルール③

「夢中」こそものの上手なれ

「夢中になれる」という言葉が好きです。

18歳で名古屋からボストンバッグひとつを抱えて単身上京し、銀座のクラブ『紅い花』でホステスとして働き始めたあの頃――。私はまさに「夢中」で毎日を生きていました。

お店が借りてくれた元麻布の家賃5万円・1DKの古いマンションで、布団すらなくて掛け布団を敷いて寝るような環境でしたが、そんなことはまったく気になりませんでした。

毎日毎晩、見るもの聞くこと知ること学ぶこと、すべてが新鮮で楽しかったのです。

ママや先輩からはホステスとしての所作や立ち居振る舞い、言葉遣いから目配り気配りの基本までをやさしく厳しく教え込まれ、普段お会いする機会などないようなお客さま方と接しながらおもてなしの勘どころを知り、社会勉強を積み重ねる――。

目の回るような日々でしたが〝生きた学び〟の日を過ごした分だけ、自分が成長していると実感できていたのです。

「夢中になる」とはこういうことなのだ――。

平凡で穏やかな〝綿菓子のようにふわふわした〟暮らしのなか、親が敷いたレールの上を、親が望むままに歩いていくことを疑わなかったそれまでの私が、銀座に出て初めて「夢中になれる」ことの素晴らしさを知りました。

そして、その頃の「夢中」のまま、今まで走り抜けてきたのです。

「好きこそものの上手なれ」とよく言います。

人は誰でも「好き」と思ってやっていることには一生懸命になれるし、勉強も努力も工夫も厭《いと》わない。だから自然に上達する、という意味です。

本当に**好きなことのための努力は、どんなに大変でも苦行だとは思わないもの**。そして、その努力にさえ夢中になれるものです。「夢」や「好きなこと」があれば夢中になれる。夢中で努力すれば成長できる。成長できれば「夢」や「好きなこと」はさらにグンと近づく。

ならば「夢中こそものの上手なれ」とも言えるのではないか、そう思うのです。

銀座に来たばかりの頃、周囲には多くのお金を稼ぎたい、借金返済のために働いている女の子も少なくありませんでした（今もそうかもしれませんが）。

そんななか、「銀座に自分の店を持ってみせる」と真摯に向き合い、夢中で過ごしていた私の存在は、当時のお客さま方にとっても新鮮に見えたのかもしれません。

夢中こそものの上手なれ。

寝食を忘れるほど夢中になって全力で生きていると、周囲が自分を見る目も変わってくるもの。自分が成長するだけではなく、自分を応援してくれる人にも恵まれるようになるのです。

由美ママのマイルール④

思い立ったら、とにかく動いてみる

前述したように、私の銀座人生は、18歳のときに父の書斎で銀座のクラブのマッチを見つけ、すぐに電話をかけて「働きたい」と店に直談判したことから始まりました。

確かに、後先のことをまったく考えない拙速《せっそく》で無謀な行動だったかもしれません。

でも、自分の人生の扉を開くなら「今」しかない。ここで躊躇したり考え直したりしていたらこんなチャンスは二度とないかもしれない。その思いに、私の体が突き動かされたのだと思います。

あのときの「今」を逃していたら、「後でかけよう」と先延ばしにしていたら、私の人生はまったく違ったものになっていたでしょう。「銀座のクラブでママになる」という夢すら抱かなかったかもしれません。

こうした経験があるからでしょうか、「思い立ったらすぐ動く」ことは今でも私の人生における信条のひとつになっています。

夢への道のりは「一方通行」です。夢のほうからこちらに歩み寄ってきて、「気がついたら実現していた」などということは、まずあり得ません。ですから、夢を叶えるには、こちらから一歩ずつ歩を進めて近づいていくしかないのです。

そんなの当たり前だ。言われなくてもわかっている――こんなことを言うと、こうした声も聞こえてきそうです。

でも、そうでしょうか。その一歩を踏み出さないまま、最初から「夢は所詮、夢」「そう簡単に叶うものじゃない」とあきらめモードになってしまう人も少なくないように思えます。**夢が叶わないのは、夢が夢でしかないのは、行動しないから**なのです。

ダイエットができないと嘆く人のなかにも、「痩せたい」と思うだけで、いざ行動となると、「明日から痩せよう」「来週からダイエットしよう」と、最初の一歩をすぐに踏み出せないケースが多いと思います。

今日「痩せよう」と思い立ったら、「明日から」では絶対に痩せられません。明日になれば、また「明日から」と同じことを繰り返してしまうものです。

思い立ったそのときこそが、実現に向かって行動を始めるベストタイミングであり、千載一遇のチャンスなのです。

由美ママのマイルール⑤

「前向きな思い込み」も夢を叶えるための力

18歳で夜行バスに飛び乗って上京し、夜の銀座のクラブで働き始めた――当時の私には、決して大げさではなく、何もありませんでした。

あったのはたったふたつの思いだけ。ひとつは、前述したようにお客さまの前でも宣言した「絶対に自分のお店を持ってママになる」という大きな夢です。

そしてもうひとつは、「絶対にママになれる」という根拠のない自信でした。

東京での一人暮らしも初めてなら、銀座も初めて。ましてやクラブで働くことなど想像もし得ない人生を過ごしてきたにもかかわらず、最初に銀座の街に足を踏み入れたときから、「私はこの街で、クラブのママとして生きていける」と、大胆にもそう思い込んでいたのです。

思えば、私の銀座人生の始まりを支えてくれたのは、私自身の持つこの「思い込み力」だったのかもしれません。

やればできる。走り始めれば何とでもなる。この「根拠なき自信」は、今でも私の原動力になっています。


以前、あるお客さまからお聞きした話なのですが、アスリートなど勝負の世界に生きる人たちには、「人ができるなら、自分にだってできる」と思い込む〝能力〟を持っている人が多いのだとか。

スポーツの世界には「絶対に破られることはない」と思われる大記録でも、一度誰かがその記録を破ると、以降、次々と記録が塗り替えられていく、ということがよくあるそうです。

つまり「無理だと思っていた記録が破られた」ことで、ほかの選手のなかで「絶対に破れない」というネガティブな思い込みが、「それなら自分だって破れる」というポジティブな思い込みに変わるということ。そして「できる」という思い込みが、さらなる記録の更新を生み出すのでしょう。

こうした〝現象〟は、アスリートだけの話ではないと思っています。

せっかく夢を持っていても、最初から現実ばかり見て、「自分にはできない」と思い込んでしまっては、本気でチャレンジしようという気持ちになどなれません。

でも確固たる根拠などなくても「自分にはきっとできる」「自分ならきっとなれる」とポジティブに思い込めれば、チャレンジ精神が湧いて努力もできるし、夢が叶う可能性も高くなります。

理屈はシンプル。**「できる」と前向きに思い込めば、「できる」に近づき、「できない」と思い込んでしまえば「できない」ままになる**ということです。

「根拠もないのに『できる』なんて思えない」という人もいるでしょう。でも実は、その考え方こそが「ネガティブな思い込み」だと私は思うのです。

禅問答のようになってしまいますが、根拠が必要だと思い込むから思い込めないのであって、根拠など不要と思い込めれば根拠などなくても「できる」と思い込めるもの。

言い方はよくありませんが、そうやって自分をだましてしまえばいいのです。自信がない自分に「大丈夫、できるよ」と〝嘘〟をついてでも、前向きに思い込む。こういうときこそ「嘘も方便」だと思いませんか。

考えてみてください。根拠と言うなら、最初から「できない＝可能性ゼロ」と断言できる根拠だってないのです。

「できる」「できない」どちらにも根拠がないなら、「できる」と思い込んで夢にチャレンジするべきと私は考えます。私自身、そうやって「できない」を覆してきましたから。

「ダメ、できない」と自分の可能性を最初からあきらめるか、「きっとできる」と自分の可能性を信じるか。決めるのは誰でもない、自分自身です。

由美ママのマイルール⑥

いい偶然を味方につける――計画的偶発性理論

以前、あるお客さまに教えていただいて、私自身の人生や考え方にすごく近しいものを感じ、大いに共感したお話があります。

「計画的偶発性理論」という言葉をご存知でしょうか。

スタンフォード大学のジョン・D・クランボルツ教授によって提唱された、「その人のキャリアのほとんどは、予想しない偶発的なことによって決定される」という考え方なのだとか。簡単に言えば、私たちの仕事や人生は偶然の出来事によって決まるということです。

例えば、突発的に他部署の仕事を頼まれたAさんが、とりあえず取り組んでみたらその仕事がおもしろくて大きな成果を出すことができた。それを評価されてその部署に異動になり、大きな仕事を任されるようになった――。こうしたケースも計画的偶発性理論にあてはまります。

Aさんは最初からその部署で働きたかったわけではありません。あるとき〝偶然〟に仕事を任されたことがAさんのキャリアアップにつながったというわけです。

ただ、ここだけを聞くと「仕事も人生も偶然や運次第なら、将来の夢なんか持っても叶わないじゃないか」と思う人もいるでしょう。でもそんなことはありません。

この理論の本質は、「偶然に左右されるのならば、自分にとって〝いい偶然〟を引き寄せるように努めることが大事」という考え方にあるのです。

そしてクランボルツ教授は、〝自分にとってのいい偶然〟を呼び込むために普段から意識すべき「5つの行動指針」を挙げています。簡単にまとめてみました。

①好奇心があること――何にでもチャレンジする

何事にも好奇心を持って挑戦したり、いろいろな場所に足を運んだり、初めてのことをやってみたりすると、それだけ何かに出会うチャンスや、思いもよらない偶然に遭遇する機会が増えます。

②持続性があること――夢に近づくために努力を続ける

偶然頼みだから計画や努力には意味がない――ことはありません。やはり夢や目標に近づくためには粘り強い取り組みが不可欠です。「蒔かぬ種は生えぬ」というように、努力を続けている人にこそ、偶然のチャンスは巡ってくるのです。

③柔軟性があること――ものごとに固執せず、広い視野を持つ

ひとつの考え方や手法に固執し過ぎると、視野が狭くなって目の前しか見えなくなり、せっかく訪れたチャンスを見逃してしまうことも。四角い頭を丸く柔らかくして、ものごとを柔軟に捉えるフレキシブルさが必要です。

④楽観性があること――常にポジティブに考える

何事も「失敗したらどうしよう」「無理に決まっている」とネガティブにばかり考えていては積極的な行動を起こせず、いい偶然にも遭遇できません。「何とかなる」「大丈夫」と、ある程度ポジティブで楽観的な考えを持つことも大切です。

⑤冒険心があること――リスクを恐れずに行動を起こす

せっかくの〝いい偶然〟が訪れても、不安がったり、萎縮したりしていては、絶好の

機会を逃してしまうかも。チャンスにリスクはつきもの。リスクを恐れ過ぎずに冒険心を持ってチャレンジすることも大切です。

――ひとまとめにすれば「新しいことや知らないことにも興味を持ち、努力を怠らず、失敗してもめげないで、勇気を持って行動する」ということ。そうした姿勢を生活習慣にして日々を過ごしていれば、自分にとっての〝いい偶然〟は向こうからやってくるということです。

今思い返してみれば、私の銀座人生もいくつかの〝いい偶然〟によって導かれるように始まりました。

・高校時代、林芙美子の『放浪記』に出会ったこと（カフェーの女給に惹かれた）。
・美容院の雑誌で銀座で働く女性の記事を読んだこと（この仕事への憧れが生まれた）。
・父の書斎で銀座のクラブのマッチを見つけたこと（銀座に出るきっかけになった）。

3つの偶然で巡ってきた〝目の前に銀座のクラブの電話番号がある〟という千載一遇

のチャンスを逃さず、電話をかけるという大胆行動をとれたのは、当時の私が持っていた好奇心や楽観性、冒険心の後押しがあったからだと今さらながら思うのです。これらの出来事は、偶然のようで偶然ではない〝偶然のように訪れた必然〟だったのかもしれません。

〝いい偶然〟を待つだけでなく自ら積極的に引き寄せ、引き起こす。その偶然を積極的に活かす――。計画的偶発性理論のお話を聞いたとき、すぐにストンと得心できたのは、私自身がその経験をしてきたからなのでしょう。

変化が激しく、先の見通しが不透明で不確実性に満ちあふれているこの時代、大きな夢なんか抱いたって無理だ。叶いっこない。そう思わされてしまうかもしれません。

でも、そんな時代だからこそ夢を持ち、思考と行動を整えて「偶然がもたらす好機」を引き寄せ、努力や勇気でその好機を活かして夢を実現に近づけていくという姿勢が求められるのではないでしょうか。

今思えば、あの偶然は必然だったのかもしれない――先々、そう振り返ることができるように、今と未来を大切にして生きていきたいものですね。

♕由美ママのマイルール⑦

本気で向き合えば、特別な出会いが訪れる

やりたいことがある。なりたい自分がある。叶えたい夢や達成したい目標が明確になっている。そして「必ずそれを実現する」という確固たる信念があり、その信念を力にして今なすべきことに、ひたむきに全力で取り組んでいる――。そうした**前向きな人には、人生のキーパーソンとなるべき人との出会いが必ず訪れます**。

目標とすべき憧れの存在、道を示してくれる恩師、お互いに切磋琢磨《せっさたくま》できる仲間、魂の通じ合う同志――自分が〝出会うべき人〟と人生が交差するときがいつか必ず来ると私は思っています。かく言う私自身もそうでした。

私が人生で〝出会うべくして出会った〟人のひとりが、俳優の杉本彩さんです。

私には「銀座で自分の店を持ち、銀座一番のクラブを目指す」という目標のほかに、もうひとつ「銀座での仕事を通じて誰かの役に立ちたい、社会に貢献したい」という夢

があります。『クラブ由美』を立ち上げたのも、ただお金持ちになりたいとか、オーナーママと呼ばれたいとか、有名になりたいといった自己満足や自己顕示欲を満たすためではありません。そこには銀座の街に息づく〝よき日本の粋の文化〟を守りたい、という強い思いもあったのです。

一方、彩さんは華やかな芸能界に身を置きながら、若くして動物保護活動を始め、ペットをはじめとする動物たちを取り巻く環境改善に取り組んでいます。今では『公益財団法人動物環境・福祉協会Ｅｖａ』を立ち上げて理事長を務めるなど、本業の芸能活動以上に動物愛護に情熱を傾けています。

そんな彩さんと出会ったのは、今から16年ほど前のこと。漫画家・画家として活躍している、さかもと未明さんに紹介していただいたのがきっかけです。

片や芸能界、片や銀座のクラブ。生きてきた環境は違えども、ともに誤解や理不尽の多い世界で同じように確固たる夢を持ち、その夢に誠実に、真正面から向き合って戦ってきた者同士、意気投合するのに長い時間は必要ありませんでした。

彩さんの熱意や本気さ、行動力に心の底から共感した私は、彼女の動物愛護活動をサポートしながら、ともに取り組むようになりました。私にとって今や動物愛護活動は、『クラブ由美』と並ぶライフワークになっています。

私と彩さんは、お互いが夢や目標、やりたいことややらなければならないことに頑ななまでに真剣に向き合う生き方を続けてきたからこそ、巡り会うことができたと思っています。お互いが相手を、出会うべくして出会った人生のキーパーソンだと認め合い、お互いが「夢が叶う」「やるべきことを貫ける」という自信を深めることができた。だから、こそ、お互いに認め合い、本音で語り合える〝真友〟になることができました。「人と動物の健康と環境の健全性＝One Healthを目指す」という同じ志を持つ、かけがえのない大切な人生のパートナーになることができたのです。

真剣に夢を追っている人には、その姿勢に共感し、その本気に共鳴した人が引き寄せられるもの。出会うべき運命の人と出会うために、夢を持ち、夢を追い求め、実現を信じる。その「特別な出会い」が道を開き、人生を大きく動かすこともあるのです。

由美ママのマイルール⑧

「好き」という才能を大切にする

福澤諭吉が著したといわれる『福澤心訓』をご存知でしょうか（著者は福澤諭吉ではなく本当は作者不明という説もあるようですが、ここでは事の真偽は置いておきます）。

この『福澤心訓』は7つの人生の教訓からなるのですが、その筆頭に挙げられているのが、『世の中で一番楽しく立派な事は、一生涯を貫く仕事を持つという事です』という教訓です。それは言い換えれば「天職に出会う」ということ、そして「その天職を貫く」ということだと、私は解釈しています。

私は、銀座『クラブ由美』のママという仕事は、自分の天職だと思っています。だから、決して大げさではなく、人生を賭して「クラブのママ」としての仕事をまっとうすることが自分の使命だと考えているのです。

18歳で銀座のクラブのママという仕事を知り、その魅力に惹かれ、人生の目標と心に決めてから、私の思いはただの一度も揺らいだことがありません。自分の生き方がブレたこともありません。幸せなことに、私は18歳のときすでに「天職」に出会っていたのかもしれません。

銀座に出てきて5年で自分の店を構えてからはや40年。私が銀座のクラブのママという仕事を「天職」として続けてこられたのは、この仕事が「大好き」だったというひと言に尽きます。

私という人間が「銀座のクラブのママ」という職業に向いているのか、その才能を持っているのか、正直なところ自分でも、今でもわかりません。

でも、ひとつだけ声を大にして言えるのは「この仕事が好きで仕方ない」「その思いは誰にも負けない」ということなのです。クラブのママとしての資質や経営者としての才覚があるかどうかはわかりませんが、「自分の仕事を大好きでい続ける」という才能はあると信じているのです。

いくら接客業に向いていて、ずば抜けた商才があるという人でも、「その仕事が嫌い」

「やりたくない」では宝の持ち腐れです。「その仕事が好き」という思いがあって初めて才能という宝は光り輝きます。いえ、「好き」という強い思いがあれば、たとえ「石」も磨かれて宝となって輝き始めるのです。

才能とは特別な技術や才覚ではなく、「好きなものがある」ことなのですね。

クラブのママを仕事にしている人は大勢いますが、仕事への考え方や向き合い方は人それぞれ。銀座のクラブのママというタイトルだけが欲しいという人もいれば、その肩書を使って別の商売を始める人や、政治の世界に出ていこうとする人もいます。

もちろん、それはそれで構わないと思います。最終的に叶えたい大きな夢があって、その足掛かりとして「クラブのママ」という仕事を選ぶというのも、ひとつの生き方ですから。

でも私は「生涯一、銀座のクラブのママ」という人生を選びました。この仕事が誰よりも大好きで、この仕事こそ〝自分が自分である証し〟だと思っているからです。

「一生、貫きたい」と思える仕事、「大好き」と胸を張れる仕事。辛くても苦しくても頑張れるやり甲斐のある仕事、これこそ自分のアイデンティティーだと誇れる仕事。そうした仕事に出会えることは、人生のこの上ない大きな幸せだと思います。

ですから――。

夢が見つからない。やりたいことがわからない。目標を持てない。そんな人は、自分の「好き」を探してみてください。小さな「好き」でいいんです。そこから自分が人生でやるべきことのヒントが見えてくるかもしれません。

第2章

折れずに貫く——困難にくじけない不屈の哲学

由美ママのマイルール⑨

乗り越えられない壁はない

銀座で『クラブ由美』を始めて、はや40年の歳月が過ぎました。その間、本当にさまざまな出来事を経験してきました。

もちろん、楽しく充実した日々ばかりではありません。むしろ大きな壁に直面してピンチに追い込まれたり、時代の流れの波に翻弄されたりと、大変な時期のほうが多かったように思います。

それでも時代の荒波のなか、幾度も災難を経験しながら、また生き馬の目を抜くような競争の激しい銀座で、曲がりなりにも一国一城の主として生きてこられたのは、何よりもお客さま方、店のスタッフや女の子たち、大切な友人など、多くの方の支えがあったからにほかなりません。みなさまには感謝してもしきれません。

さらにもうひとつ40年にわたって店を続けられた理由を挙げるなら、私の「前しか見えない」という持って生まれた性格、性分も影響しているように思っています。

とにかく、一度「進む」と決めたら、猪突猛進でひたすら前進するのみ。高い壁にぶつかろうと深い谷が迫ってこようと、後退、撤退、様子見などとは考えず、「絶対に越えてみせる」と突き進む。自他ともに認める、これが私の〝生きる術《すべ》〟です。

乗り越えられない壁などない――いつ何時でも、私はそう思って生きてきました。そして、人にも縁にも恵まれて、いくつもの壁を越えてきたのです。

例えば――。

上京して４年目22歳で銀座のある有名クラブの雇われママになったときには、その店の閉店に伴って発生した１５００万円もの売掛金の一括返済を要求されて、高利貸業者に〝追い込み〟をかけられたこともありました（雇われの身に返済義務があったとは思えないのですが、そんな理屈は通用しなかったのです）。

その後『クラブ由美』開店当時は、他店の策略により高額でスタッフ、女の子が大量に引き抜かれ、営業がままならなくなったこともありました。

でも、そうした騒動やトラブルなどに見舞われたときも、不思議に「怖い」と不安に押しつぶされたり、「どうしよう」と頭を抱えたりすることはありませんでした。

借金を背負わされたときは、真っ先に「どうせ私が返さなければいけないのなら、腹をくってどう返すか考えよう」と考えました。大量引き抜きに遭ったときも「卑劣な手段に負けるものか。絶対にみんな戻ってくる」と一切動じなかった。

私は一本筋の通った〝負けず嫌い〟だったということです（今もそれは変わりません）。高い壁に立ちはだかられ、追い詰められて、逆に〝燃えてきた〟のです。

結局、売掛金は全額返済できましたし、引き抜かれたスタッフや女の子も「やっぱりクラブ由美がいい」とすぐに戻ってくれました。

多分、ほかにもいろいろあったと思います。記録をたどれば、もっと多くの壁にぶち当たっていたことでしょう。

それでも、そのたびに負けず嫌い魂に火がつきました。「越えられない壁なんてあるものか」という思いが沸々《ふつふつ》と湧き上がってきました。

そうしたいくつものピンチや壁を乗り越えてこられたのは、「絶対に負けたくない」「自分の夢をあきらめたくない」という気持ちがあったからです。「自分はこう生きたい」「こうなりたい」という理想の生き方を貫こうという気合があったからです。

だから、悩んだり怯えたりする暇があったら、壁を越える方法を考えて動き出そうと自ずと、自分が取るべき行動が決まったのです。

「壁というのは、できる人にしかやってこない。超えられる可能性がある人にしかやってこない。だから、壁がある時はチャンスだと思っている」

ご存知の方も多い、元メジャーリーガーのイチロー氏の言葉です。誰もが仕事や人生のなかで壁にぶつかるときがあります。もちろん、壁の大きさやぶつかったときの状況などは人によって違うでしょう。

でもそこで共通しているのは、壁にぶつかったときこそ、自分の人生やものごとへの向き合い方の覚悟を決めるチャンスであり、自分を強く大きく成長させるチャンスでもあるということなのです。

筋トレだってそうです。負荷をかけるからこそ筋肉は大きくなり、筋力も蓄えられます。何の負荷も抵抗もなく、ただじっとしているだけでは筋量も増えず、筋力もつかないでしょう。

そう考えれば、**仕事におけるピンチや人生における困難は、自分の心を強く、たくましく鍛えるトレーニングのようなもの**とも言えます。

筋トレと違って、自ら進んで壁に遭遇することはありませんが、もし壁にぶつかってしまったら「心の成長のチャンス」という前向きな姿勢で臨んでみませんか。

大丈夫、あきらめたり投げ出したりしなければ、壁は乗り越えられます。私自身がその証明でもあるのですから。

由美ママのマイルール⑩

「何とかなる」と思えば、何とかなる

大丈夫、何とかなる――。

私の昔からの口癖です。ほかの誰かに対してだけでなく、自分自身に対しても、常にそう思い、常にそう口にしてきました。


人間、生きていれば、思いどおりにならないことばかりです。思いどおりにならないたびに落ち込み、自信をなくし、やる気を失ってしまう。次に何かを始めようとしても「また上手くいかないかも」と不安になり、思考も行動も萎縮して新しい一歩を踏み出す勇気がなくなってしまう。そういう悪循環というか、負のスパイラルに陥ると、なかなかそこから抜け出せなくなってしまいます。

ただ、そうなるのが嫌なんです。持って生まれた性分もあるのですが、論理的に考えても「もったいない」と思うのです。ネガティブ思考に費やす時間も、気力も、体力も。

私とて生身の人間ですから（由美ママは超人だと思っている方も大勢いらっしゃるようですが）、ときには思いどおりにいかずに悩んだり、壁にぶつかって苦しんだりすることもあります。

でもそんなときはいつも「ここから下りのエスカレーターには乗らない」と言い聞かせています。下りのステップに足を乗せたら、そのままネガティブフロアに降りていってしまいます。だから無理やりにでも「上りエスカレーター」に乗る。とにかく上に向かう。そうすると上のフロアで別の新しい景色が見えてくるんですね。そのときの心構えが、冒頭の口癖「大丈夫、何とかなる」なのです。

第1章で触れた計画的偶発性理論でも〝いい偶然〟を引き寄せる行動特性のひとつに「楽観性」が挙げられています。「大丈夫、何とかなる」という、ジタバタしない楽観的ポジティブ思考は、私の人生に幸運をもたらす大きな武器になっているのです。

重要な選択や決断を迫られたときも同じです。高校時代、父のマッチを見て銀座のクラブに「働きたい」と電話をかけたときも。両親にも告げず身ひとつで勝手に東京に向かったときも。１５００万円の売掛金返済を迫られて追い込みをかけられたときも。思い切って『クラブ由美』を開いたときも――。

私にとって「大丈夫、何とかなる」は、自分の人生を自分の力で切り拓くための〝魔法の呪文〟と言ってもいいでしょう。そして案外、思ったよりも人生は「何とかなる」もの。何とかなると思えば「何とかなる」ものなのですね。

あるとき、ふと考えました。私の「大丈夫、何とかなる」という楽観的思考はどこから生まれているのか。なぜ、そう考えられるのかと。そこで思い当たったのは、**「今と向き合う」**と**「比較しない」**、そして**「動きながら考える」**という自分のなかにある３つの思考傾向です。

過去は変えられない。未来はわからない。ならば過去ばかり悔やんだり、未来ばかり恐れても仕方がない。向き合うべきは「今現在」であり、目の前の出来事をどうするかだけを考えればいい。だから「今と向き合う」。

人は人、自分は自分。性格も能力も環境も何もかも違う他人と自分を比較するなんてナンセンス。というか比較できない。私は私の人生を、私のやり方で生きる。それでいいじゃないか。だから「比較しない」。

考えて考えて、考え過ぎると、心の中に不安や恐れといったネガティブな感情が入り込む余地ができてしまう。ならば不安など覚える前に、とにかく動く。問題が発生したら、その都度、動きながら対処すればいい。だから「動きながら考える」

こうした行動の傾向から生まれた「超」がつく楽観的ポジティブ思考が、40年にわたって銀座のクラブのママを続けていられる〝秘訣〟のひとつだと思っています。

とくに『クラブ由美』を開店して自分の城を持ち、スタッフや女の子を抱える立場になってからは、努めて「大丈夫、何とかなる」を意識してきました。

トラブルや難題が起きたとき、その中心にいる人が真っ先に落ち着きを失ったり、不安にかられて取り乱したりすると、その場にいる人みんなが不安になってしまいます。

逆に、些細なことに動じずにドンと構えて、心の底から「何とかなるよ」と言える人がいると、周囲の人たちの間にも「何とかなるかも」「大丈夫だよ、きっと」という空気が生まれてくるものです。

私が常に楽観的でいることとは、『クラブ由美』というお店と、お店で働く人たちを守り、お店を愛してくださるお客さまに安心をお届けすることでもあるのです。

たとえ悪い状況に直面しても、常に明るい見通しを持って前向きに行動する。ネガティブな状況下でこそ、そこからポジティブな要素を見出す。コップの水が半分になったとき、「もう半分しかない」ではなく、「まだ半分もある」と考える。

ピンチのときに「何とかなる」と前を向くことで、その後の行動も、生まれる結果も変わってくるはず――。長い経験から、私はそう信じているのです。

♛由美ママのマイルール⑪

夜、寝る前に考えごとをしない

よく意外だと言われるのですが、こう見えて私は「朝型人間」です。よほどのことがない限り、ほぼ毎日朝7時には起きてパソコンを立ち上げ、ブログの原稿を書くのが日課になっています。

早朝の時間を大事に使うには、当然ですが、その分夜早く寝なければいけません。夜の寝つきがいいことは、私の自慢できる〝特技〟と言ってもいいかもしれません。

ただ、何かとストレスの多い現代社会では、夜の寝つきが悪くて不眠になりがちな人が少なくないといいます。

とくに悩みや迷い、不安な案件などを抱えていて、床に就いてからもあれこれと思索を巡らせてしまい、なかなか眠りにつけなくなるケースが多いようです。

例えば、仕事上のミスで取引先と大揉めし、明日は土下座覚悟で謝罪に行かなければいけない──という事態があったとします。

ベッドに入っても「嫌だな」「行きたくないな」「先方は相当怒っていたから、厳しいことを言われるだろうな」「契約打ち切りなんてことになったらどうしよう」と明日への不安が脳裏から離れず、目が冴えて、まんじりともせずに朝を迎える──。大なり小なり、似たような状況を経験している人も決して少なくないと思います。

でもそこで、「今、悩んでも仕方がない」とスパッと気持ちを切り替えて、しっかり眠れる人もいます。

明日のことは明日になってみなければわからない。実際に会って謝罪してみなければ相手の気持ちも、反応もわからない。だから考えるのも悩むのも、すべては明日になってから。今夜はさっさと寝てしまおう、と。そしてこうした図太さこそ、困難や逆境に直面したときの大きな武器となるのです。

私は、まさにこのタイプと言えるでしょう。ただ、生まれ持った性格の鷹揚さだけでなく、昔から意図的に「夜、寝る前には考えごとをしない」と決めてもいるのです。
もちろん私にだって悩みごとや不安なことはあります。でもそうした案件を抱えたまま〝眠れぬ夜〟を過ごすことはしないようにしています。

夜暗くなって周囲が静まり返ったなかで考えごとをしても、たいていロクなことになりません。何の解決にもならないどころか、そのネガティブイメージが潜在意識のように脳に刻み込まれて、翌日の行動にマイナス影響を及ぼすことさえあります。

前夜「明日、失敗したらどうしよう」とばかり考えていると、そのイメージどおりの失敗をやらかしてしまう。その日のミスを夜中まで悔やんでいると、翌日も同じようミスを繰り返してしまう。こうしたことが実際に起こるかもしれません。

この仕事を続けているなかで、お客さまとしてさまざまな〝成功者〟とお会いしてきましたが、お話を伺っていると「重要な選択や難しい決断は夜しない」「悩んだときは、その日の夜は早く寝て、翌日の朝、日が昇ってから決断する」という方が多いのです。

夜中に悶々と考えても、ネガティブな思考に流されてしまいがち。明るくなってから、

太陽の下で考えるほうがポジティブになれる。これは多くの先人に実証されているビジネスにおける成功の極意なのですね。

確かに「なぜか夜になると悩みごとや心配ごとが頭から離れなくなる」のは人間の習性のようなものかもしれません。だからこそ、意図的に寝る前のネガティブ思考をシャットアウトすることが大事になると思うのです。

夜中にあれこれ思い悩んで悶々と眠れない夜を過ごすなら、悩むのではなく勉強する。本を読む。そのほうが余計なことを考えなくて済みます。

仕事ややるべきことの先延ばしはいけませんが、夜中の考えごととなると話は別です。明日悩めばいいことは、今日悩まない。ましてや夜中には悩まない。日々のそうした意識が、気持ちを前向きにして成功を呼び寄せる力になるのです。

現代人よ、もっと図太くなりましょう。

由美ママのマイルール⑫

ピンチも考え方次第、災いを転機にする

銀座のクラブとて水商売。世の中の情勢がもたらすピンチや壁も何度となく経験してきました。かつてのバブル崩壊やリーマンショックのときには、銀座の客足が軒並み激減しました。また先の東日本大震災とそれに伴う福島第一原発事故の際には、夜の銀座の街から一斉にネオンの灯が消えるという非常事態も経験。このときは銀座だ、クラブだ、という次元ではなく日本全体が大きな壁に直面しました。

そして昨今、世界は新型コロナウイルス感染症という新たな壁にぶつかっています。

2020年1月に始まった日本での新型コロナウイルス感染症の流行から、3年が過ぎました。その間に8回もの感染流行期に見舞われ、私たちの健康はもとより、生活や仕事などへの影響も甚大なものになっています。

度重なる緊急事態宣言やまん延防止等重点措置の発令、「20時以降の営業や酒類の提供停止」の要請などにより、銀座をはじめとする夜の街にも強烈な逆風が吹き荒れました。

とくに営業時間の変更や酒類自粛はクラブにとって非常に大きな痛手でした。しかしながら最優先すべきは感染拡大の防止であり、お客さまやスタッフ、女の子たちの健康と安全と考えて、国や都の要請のもと２０２０年４月から６月下旬まで、開業以来初めての完全休業を決断。その後も休業と時短営業を繰り返すという状況が続きました（現在も感染防止対策を徹底しつつ営業しています）。

今回のコロナ禍は、「店を休まない」という信念を貫いてきた私にとって「営業すること自体を制限される」という人生における最大級のピンチだったのです。

でも、私はこう考えました。お店を休業せざるを得ないのなら、その間にしかできないことをしておこう——と。

実は、私は10年ほど前から変形性股関節症に悩まされており、コロナ前には杖が必要なほど悪化していた時期もありました。お客さまには大変ご心配をおかけしていたのですが、お店を休みたくはなく、また手術への不安もあり決断できずにいたのです。

そこで、営業したくてもできないのなら、このタイミングで体をメンテナンスして来たるべき営業再開に備えようと考えました。そして変形性股関節症の手術に踏み切ったのです。おかげさまで術後の状態もよく、今では杖を使っていた頃がウソのように動けるようになりました。


今思えば、お店を閉めざるを得ないという時期がなかったら、多分あのまま手術も受けず、症状も悪化の一途をたどっていたでしょう。そういう意味ではコロナ禍による自粛要請が手術を決断させてくれたようなもの。営業自粛というピンチが、自身をメンテナンスできる〝好機〟になったとも言えるのです。

ものごとというのは、捉え方ひとつ、対処の仕方ひとつで、その意味合いも、後の展開も、もたらされる影響も、大きく変わるものなのですね。

ピンチとチャンス、危機と好機は、まったく反対の意味です。でも直面しているのは、同じひとつの事実。その事実をピンチと捉えるかチャンスと捉えるかは、その人の視点次第なのです。

同じ事実なら、ピンチではなくチャンスと考えたほうがいいと思いませんか。ピンチに見える状況でも、そこにポジティブな何かを見出してチャンスだと認識したほうが心の健康にいいと思いませんか。

人生、何事も**「ピンチはチャンス」**だと、いえ、むしろ**「ピンチのなかにこそ、チャンスが散在する」**のだと、私は信じています。苦難のどん底にいるとき、なかなか光が見えないときなど、すぐには素直にそうは思えないかもしれません。でも、それでも「そうだ」と思い込むことが大事なのだと思います。

追い詰められた苦しくて困難な状況こそ、自分を高め、視野を広げ、新たなスタートを切るのに絶好の機会——強くそう思う意志の力こそが、本当に目の前のピンチをチャンスに変えてくれるのです。

「一生懸命」は、きっと報われる

話は前後しますが、1983年、23歳だった私が大決心をして銀座の片隅に『クラブ由美』を開業したとき、私にはほとんど何もありませんでした。

直前まで雇われママとして勤めていたお店の閉店で背負わされた1500万円の売掛金を何とか返済し、手元に残ったなけなしの貯金をはたいて開業した〝初代〟の『クラブ由美』は、銀座六丁目の以前、存在した洋菓子店アマンドの地下、わずか13坪足らずの、本当に小さなお店だったのです。最初のうちはグラスの数も足りず、お酒のメーカーさんや酒屋さんにお願いして揃えてもらうほどの状態でのスタートでした。

お客さまが初めていらっしゃる際には、「由美ママの店、どこ？　場所がわからないよ？」「本当に銀座にあるの？」「ここは銀座の僻地《へきち》だね」などと、よく言われたものです。そうしたお電話をいただくと、そのたびに近くまでお迎えに出ていました。

それでも「自分らしく生きよう、自分の理想の生き方を貫こう」という思いの結晶である自分の城を持てたことは、何にも勝る喜びでした。

とはいえ、もちろん、順風満帆などという言葉がすぐにあてはまるほど甘いものではありません。当時の夜の銀座といえば、そのメインストリートは〝花の八丁目、並木通り〟です。銀座六丁目のアマンドの地下という立地は、同じ銀座でも〝街外れ〟もいいところ。お店のスタッフを面接したり、スカウトしたときも、「店が小さい」「場所が悪い」などと言われて断られたことが何度もあります。

何とか軌道に乗ってきて現在のビルに移転した後には、前述したように、スタッフや女の子を他店に大量に引き抜かれて営業もままならなくなるほどの妨害もありました。知らぬ間に100人前もの高級寿司の出前を注文されたことも、勝手に注文された何十人前ものケータリングピザが突然届けられたこともあります。残念なことですが、夜の商売の裏側の〝闇〟を見せつけられることが何度となくありました。

でも「絶対に店を守る」の一心で、逃げずにすべて正面突破してきました。あのときの私は「この店とともに力いっぱい走り続けて、そのまま倒れたって本望」というくらいの情熱と負けん気にあふれていたのです（今もほとんど変わっていませんが）。陰湿なやっかみなどに屈しない。叩かれたって簡単に折れやしない。小さな城を拠点に、その気概ひとつで戦い続けるうちに嫌がらせもなくなり、その後そうしたトラブルとはほとんど無縁になりました。

こうして『クラブ由美』が順風満帆とは言えない航路を進み続けてこられたのは、何よりもお客さまの存在があればこそでした。

何もない〝ほぼゼロ〟状態でオープンし、狭く小さく、場所も悪いという条件のなか、ホステス時代や雇われママ時代に、私を贔屓《ひいき》にしてくださったお客さま方が、連日、入りきれないほど大勢いらしてくださり、お店の土台を支えてくださったのです。

昨今のコロナ禍でも、緊急事態宣言で16～20時までと営業時間が制限されたときに、16時の開店を待って早々と来店してくださるお客さまや、早い時間から同伴してその後の閉店まで過ごしていただけるお客さま。お酒の提供停止時に「お酒はいらないから」

とお茶を頼むという形で通ってくださるお客さま。そうした心遣いをいただいたからこそ、今も『クラブ由美』は銀座の街で生き続けていられるのです。

「由美ママ、いつも全力で一生懸命だから、何か応援したくなるんだよ」

「頑張って続けてきた店、なくなったら困るからね」

お客さまからそうした言葉をかけていただくとき、感謝の気持ちとともに「負けずに続けてきてよかった」という思いがあふれてきます。クラブのママ冥利に尽きるとは、まさにこのことなのですね。

そして思うのです。**自分の夢に真っ直ぐに向き合って、常に全力で、くじけずに前を向いて努力していれば、その姿勢を評価してくれる人が必ずいる**のだと。折れない心、あきらめない気持ちは、きっと報われるのだと。

大事なのは**「誰かが見ていてくれるから」**とか、**「他人に認めてもらいたいから」**と

か、そういうことのために頑張るのではなく、「自分が自分自身のために頑張ること、自分自身のために努力する」ことです。

自分で自分を応援したくなるくらい努力をする。その姿は自然と周囲にも伝わるはず。ですから誰かの評価は後からついてくるものなのです。

由美ママのマイルール⑭

厳しい状況のときこそ「笑顔で」

笑う門には〝好機〟来たる――。厳しい状況に置かれたとき、逆境や困難に直面したとき、心の余裕を失わず、むしろ笑うことさえできる人、笑顔を見せられる人が、器が大きい人だと私は思っています。

大変なときや切羽詰まったときに暗い顔をすることは簡単です。思いどおりにいかないときにしかめっ面になることも、ピンチのときに厳しい顔をすることも、誰にだってできるでしょう。

でもそんなときに、笑いを提供するくらいの心の余裕が、目の前の壁を乗り越える力になると思うのです。

例えば組織のリーダーなどとくにそうです。そのチームや組織がピンチのとき、仕事でトラブルを抱えてしまったとき、先頭に立つリーダーが顔面蒼白で真っ暗な表情に終始していたら、部下やメンバーもみな意気消沈してしまうでしょう。そんなときこそ、笑顔を忘れずに快活な言動で陣頭指揮をとれるリーダーの下なら、組織全体の士気も上がるというものです。

ピンチで暗い顔をするのは誰でもできる簡単なこと。ならば、ピンチのときに笑える人、笑ってみせることができる人は、それだけで〝誰もができることではないこと〟ができていると言えます。すでに「心の余裕」というピンチに向き合うための武器をひとつ持っていることになるのです。

気持ちが沈んでいるとき、無理にでも笑顔をつくってみると、不思議と元気が湧いてくるような経験をお持ちの方もいらっしゃるのではないでしょうか。**「笑う」という行為は人間にエネルギーを与えてくれる**のですね。自分が笑顔になることでも、人の笑顔を見ることでも、どちらにも人を前向きにするパワーがあるのです。

「楽しいから笑うのではない。笑うから楽しいのだ」とは、アメリカの哲学者ウィリアム・ジェームズの言葉だそうです。

人間には「行動が感情を生み出す」という性質があるように思います。難しい局面に身を置かれたとき、笑うという行動がとれると、そこにはポジティブな感情が湧き起こり、しかめっ面で暗い表情をつくるという行動からはネガティブ感情が生まれる。そういうものなのだと思います。

また意図的に笑顔をつくると、表情筋という顔の筋肉の動きが脳に伝わって反応し、前向きな気持ちが生じてくるともいわれます。たとえつくり笑いでも、顔が笑えば心も前向きになるのだとか。「笑うと前向きになれる」のは人間の生体反応でもあるのです。

さらに、しかめっ面でこわばった表情をつくるには、笑顔になるよりも3倍近く多くの表情筋を使う必要があるのだとか。つまり、ピンチのときのしかめっ面は、それだけでフィジカル的な消耗につながり、行動へのモチベーションにもマイナス影響を及ぼす可能性があるとも言えるのです。

スポーツでも大きなプレッシャーを感じるような局面では、意図的にでも笑顔をつくるほうがパフォーマンスは向上するともいわれているそうです。

「生物の中で人間だけが笑う。人間の中でも賢い人ほどよく笑う」というユダヤ人のことわざがあります。ユーモアや笑いを理解するには相応の知性や知識、センス、連想力といったインテリジェンスが不可欠。だから、ジョークにすぐに反応してよく笑える人ほど賢い、というわけです。

でもそこにはもうひとつ、**「成功を手にできるような賢い人ほど、人生における笑うことの重要さを知っている」**という意味にもとれるのではないかと思うのです。

順調なときはもちろん、ピンチのときも、いえピンチのときこそ前向きに「笑って」みせましょう。それは人間だけが使える〝ポジティブ思考を生む魔法〟なのです。

チャンスはピンチの顔をしてやってくる――よくこう言います。前にも書きましたが、人生でも仕事でも、ピンチは成長できるチャンス、学びを得られるチャンスなのです。

もしかしたら、目の前に訪れたピンチや壁は、恐れたり逃げたり嫌悪したりするものではなく、むしろウエルカム、歓迎すべきという考え方もできるのではないでしょうか。

ですから、ピンチのときこそ「よし、チャンス到来」と、厳しい状況を笑って迎え撃ってやりましょう。

由美ママのマイルール⑮

諦めて投げ出したら、そこで終わり

昨今のコロナ禍で、一緒にやってきた周りのほかのクラブや飲食店が次々に閉店するという想像もしなかった事態を目の当たりにして、さすがに「いつになったら再開できるのか」「そもそも再開できるのか」という不安に駆られたこともありました。何より目処《めど》が立たない、先が見えてこないということへの不安が大きかったのです。

それでも、「店をやめる」「閉める」という発想は微塵《みじん》も出てきませんでした。言い方はよくありませんが、世の中の状況が悪いときにやめるのは「苦境から逃げ出した」ことになってしまうと思っているからです。

お店を始めてからずっと、心のどこかでは「いつやめてもいい」と思っています。それは決して投げやりな気持ちなどではありません。「お客さまと毎日、常に全力で向き合ってきた自負があるので、いつやめても悔いがない」ということなのです。

ただ、今ここで店をやめたら「コロナになって苦しくなったからやめた」ことになってしまうでしょう。自分ではそう思っていなくても、周囲にはそう思われてしまう。それだけは絶対に嫌だったのです。社会情勢や経済情勢が悪いときにやめるのは誰でもできること。だから、いつでもやめられるけれど、こういうときこそ全力で頑張るんだ、と。40年以上の歳月を銀座で生きてきた人間として貫きたいプライドなんです、これは。

先日、ある方から『論語』にある「歳寒松柏《さいかんのしょうはく》」という言葉を教えていただきました。松や柏の木が寒さの厳しい季節にも耐えて葉の緑を保っていることから転じて、「逆境で苦しい状況にあっても、自分の信念や志を貫くこと」という意味があるそうです。

また、冬が来て日一日と寒さが増し、草木が枯れて葉を落としていく季節になって初めて、松や柏が厳しい気候のなかでも緑の葉をつけ続けていることに気づく。つまり、**困難や苦境、逆境に見舞われたときにこそ、その人の真価が見えてくる**という意味でもあるのだとか。

歳寒松柏——初めて知ったのですが、すごく素敵な言葉だと感銘を受けました。

そしてふと、四半世紀にもわたる長いおつき合いになる親友の歌手・神野美伽さんのことを思い出したのです。歌手としての美伽さんの実績、実力は今さら書き述べるまでもありません。私がこの言葉に美伽さんを重ね合わせたのは、彼女が明るい笑顔の裏で、幾度となく病気と闘ってきたことをよく知っているからです。

２０１８年にリスフラン関節症の一種で骨に穴があく病気に、２０２０年には頸椎化《けいつい》膿性脊椎炎《せきつい》に、２０２２年には腰椎椎間板《ようついついかんばん》ヘルニアによる急性まひに、と何度も病に見舞われ、ときには「声を失う可能性」にも直面するほどの逆境に向き合ってきた彼女は、そのたびに過酷なリハビリに取り組み、必ずステージに戻ってきてくれました。その姿こそ、まさに「歳寒松柏」なのではないか、と。コロナ禍でもあきらめずに店を守るという私の信念も、美伽さんの姿に強く励まされているのです。

ひとつの道を貫き通す心の力で逆境を乗り越える。厳しい冬にも緑の葉を守り続ける松のように、柏のように、真っ直ぐでひたむきで粘り強く生きる。

その先にこそ暖かい春は、きっと訪れるのだと思います。

由美ママのマイルール⑯

「意図的に忘れる力」を高める

人生、楽あれば苦ありです。失敗したり躓《つまず》いたりして、壁にぶつかってものごとが停滞して、悩んだり落ち込んだりすることもあるでしょう。そんなとき、もっとも効果がある対処法は「忘れて、切り替える」こと。これに尽きると思います。

私は元来、嫌なことがあってもすぐに忘れてしまうタイプです。ひと晩寝れば、いえ、その晩寝る頃になれば、ネガティブな記憶が頭の中から消え去ってしまう。周囲からは「得な性格だね」とよく言われます。

でも振り返れば、〝生き馬の目を抜く〟ような夜の銀座の世界でここまで長く店を維持してこられたのは、この「得な性格」によるところも大きかったと思うのです。

夜の街で飲食業や接客業を続けていれば、「しまった」という失敗や「こうすればよかった」と後悔することなど、それこそ日常茶飯事。そうした出来事に出会わない日のほうが珍しいくらいです。

ですから、そのたびに落ち込んだり、自信をなくしたりしていたら、とてもではないけれど体も心ももたないのです。ですから、何かあっても「考え過ぎず」「凹まず」「引きずらず」、ネガティブな出来事はとっとと忘れて、さっさと頭を切り替える——。前向きさを失わず、何事にもくじけずに生きるには、こうした姿勢が不可欠なのです。

そのネガティブな出来事が現在進行形で今も続いているのなら、もちろん全力を傾けて解決すべきでしょう。でも過去完了形で終わってしまったことは、もう逆立ちしたって変えることができません。

ならば、いつまでも引きずって落ち込んでいても何の得にもなりません。それどころかそんな埒《らち》が明かないことに時間を費やすなど、もったいないことこの上ありません。**過去を引きずって落ち込んでいる時間からは何も生まれません。その時間は、「次」への準備に使うべき**なのです。

今から何かしたところで過去が変わらないなら、次のチャレンジ、新しい試みを考えたほうが、仕事も人生もずっと充実するはずです。

最近よく「レジリエンス」という言葉を耳にします。

レジリエンスとは元々「弾力性」とか「しなやかさ」「回復力」「復元力」といった意味の言葉。心理学やビジネスの世界では、それが転じて「逆境や困難な状況をはねのけて精神的に回復する力」というニュアンスで使われています。

落ち込むような失敗をしたとき、困難やトラブルに見舞われたとき、湧き出るネガティブ思考を断ち切って切り替え、いち早く立ち直る——。仕事や人生におけるレジリエンスを高める方法にもいろいろありますが、私が考えるもっとも有効な手段が「忘れてしまう」ことなのです。

とはいえ、人間の記憶というのは不思議なもので、誰もが楽しいことや嬉しいこと以上に、嫌なことのほうを強く覚えているもの。そして嫌な思い出ほど忘れられないものです。だからこそ「意図的に忘れる力＝嫌な記憶を破棄する力」が求められるのです。

ひとつ申し上げておきますが、ここで言う「忘れる」とは記憶を根っこからすべて消去して「最初から何もなかったことにする」という意味ではありません。

過去の記憶は、よきにつけ悪しきにつけ、すべてが人生経験の証しであることに変わりはありません。忘れてしまいたい嫌な記憶であっても、人はそこからでも何かを学び、何かの気づきを得てきたものなのです。

ですから私が考える**「忘れる」とは、過去の変えられない記憶は「教訓」「学び」として心に留め置きつつ、そこから生じている後悔や落ち込み、自責の念などの〝ネガティブな感情〟は手放してしまいましょう**、ということ。

仕事でやらかしてしまった大きなミスを、何の反省もなく、何の学びも得ずに〝なかったこと〟にしてしまっては、また同じことを繰り返す恐れがあります。そうではなく、

その〝やらかしたミス〟の記憶に伴う、

「こんなミスをするようでは、オレはもうダメだ」

「またミスをするかと思うと、怖くて新しいことにチャレンジできない」

といったネガティブな感情だけを、きれいさっぱり忘れましょうということ。

人生に活かせる部分は覚えておき、自分の足枷《あしかせ》になるような感情は忘れてしまう。私が言う「忘れる力」とは、ネガティブ記憶の〝いいとこどり〟をする力なのです。

成功への道のりは「トライアンドエラー」の繰り返しです。トライしては失敗し、対策を練ってまたトライする。何度もそうしたチャレンジをすることで、少しずつ成功に近づいていくのです。

トライしてエラーするたびに落ち込んで立ち止まっていたら、成功は遠ざかっていくばかり。エラーから学ぶべきは学び、反省するべきは反省し、そして忘れるべきは忘れて、前向きに「次のトライ」に備えることが大事なのです。

由美ママのマイルール⑰

不屈の挑戦のための資本は「心身の健康」

前述しましたが、以前から変形性股関節症に悩まされており、歩行時に杖が必要になるような時期もありました。コロナ禍による営業自粛の間に手術を受けてすっかりよくなり、おかげさまで今は大好きなゴルフを毎週楽しめるようになりました。お客さまからは「ママ、以前にも増してパワフルになったね」などと褒めて（？）いただいております。

病気で入院・手術を経験し、元気に体を動かせる喜びを再認識するという経験を通じて感じたのは、「人間、健康が第一。体が資本」という当たり前のことでした。

そして、私が40年にわたって銀座で『クラブ由美』を続けてこられたのは、「元気で健康だった」からでもあったのだと、改めて思ったのです。

また、よく眠れることが最高の健康法で、「ぐっすり」寝て、毎朝、快適に寝覚められます。それゆえ、前述の「寝る前には考えごとをしない」などと考える間もなく眠りにつけます。

取材や書籍、講演などで何度となく申し上げてきたのですが、私には、「仕事ができる人は風邪をひかない」という持論があります。意味するところは、「大事なとき、ここぞというときに体調を崩さない」ということ。つまり、**「デキる人は常に健康に気を配り、体調管理がきちんとできている」**ということです。

以前、人気予備校講師の林修先生もテレビ番組のなかで「成績のいい子は、自己管理ができているから風邪をひかない」という旨のことをおっしゃっていました。こちらもあくまでもひとつの〝例え〟なのですが、私の持論と共通する部分があると納得したことを覚えています。

大人も子どもも、常に自分を律し、節制して健康に気をつけているからこそ、学業でも仕事でも常にベストなパフォーマンスを発揮できるのです。

人は何かに集中すると体内の血液循環がよくなって深部体温が上がり、それによって免疫力が高まって風邪をひきにくくなる、という話を聞いたことがあります。

「デキる人は風邪をひかない」とは、いざというときは風邪を寄せつけないほど仕事や勉強に全集中できるという意味でもあるのです。

それにピンチのとき、壁にぶつかったとき、逆境に立たされたとき、体調に不安があると、万全な状態でその状況に立ち向かうことができません。先に書いた「レジリエンス（困難をはねのけるしなやかな強さ）」の向上にも心身の健康は不可欠とされているのです。

「元気があれば、何でもできる」——プロレスや格闘技に明るくない私でも知っている、亡くなられた格闘家・アントニオ猪木さんの名言中の名言です。

このシンプルでストレートな言葉こそ、困難や逆境に置かれたときに忘れてはならない大切な教えなのではないでしょうか。

元気とは、体だけでなく心も健康であることなのは言うまでもありません。**心身ともに健康で、心身ともに元気が満ちあふれていれば、どんな壁にぶつかっても「乗り越え**

てみせる」と思える前向きな意欲や勇気、エネルギーが湧いてくるものなのです。

そのためにも、普段から体のためにに「栄養バランスのとれた食事」「運動」「睡眠（休養）」を、心のために「ストレス解消」「リラックス」「趣味や娯楽」などを意識して、自分の健康管理に気を配る。そうした生活習慣が「困難に立ち向かえる強靭な心身」をつくってくれるのです。

健康こそがあらゆる困難や逆境を乗り越える「不屈の精神」の源であることを、忘れずにいたいものですね。

第3章

人とつながる

——いい関係を築くコミュニケーションの哲学

♛
由美ママのマイルール⑱

「名前で呼ぶ」は人のためならず

すでに何度か会っているのに名前をうろ覚えで、毎回「はじめまして」と名刺交換してしまう。会うたびに「すみません。お名前は何でしたっけ」と尋ねる――。

これでは相手も、「この人、よほど私に関心がないんだな」と感じて、ネガティブな印象を持つに違いありません。信頼度も、信用度も、一気に下がってしまうはず。こうした事態がビジネスの成否に影響しないわけがありません。

お客さまの名前を忘れずに覚えていることは、ビジネスにおける鉄則であり、基本中の基本なのです。でも実は、名前を「覚えている」だけではまだ不十分。それ以上に大事なのは、その人をきちんと「名前で呼ぶ」ことなのです。

名前を呼ぶとはイコール、その人の人格を、アイデンティティーを認めること。そしてそれは、「店と客」から「個と個」というより近しい関係性を築くための第一歩でもあります。
人は誰でも名前で呼ばれると、いわゆる自己承認欲求が満たされるものです。「自分はこの人の記憶にしっかり残っている」「〝その他大勢〟ではなく、一個人として尊重されている」と感じて嬉しい気分になり、親近感や信頼感が芽生えてくるものなのです。

話はビジネスシーンに限りません。例えば、旦那さまが奥さまを「なあ」「おい」「お前」と呼び、奥さまは「私は〝お前〟じゃない」と傷ついてケンカになる――。ドキッとした方、いるのではありませんか。
これも同じこと。二人だけで面と向かって話しているのだから、名前なんて呼ばなくても通じる――。確かにそうかもしれませんが、それは屁理屈というもの。むしろ、目の前にいるからこそ名前を呼ぶべきでしょう。

「なあ、お前、週末の予定どうなってる？」と
「〇〇、週末の予定どうなってる？」

「会議資料のチェックお願いします」と
「○○さん、会議資料のチェックお願いします」

たかだか数文字分の違いですが、伝わり方と与える印象は大違いなのです。

あいさつや声かけ、お願いや問い合わせといったタイミングでは、「ねえ」「あの」ではなく、その人の名前で呼びかける意識を持ちたいものです。

自分を名前で呼んでくれる人は印象に残るもの。当然、その人の名前も記憶に残るでしょう。そうすれば今度は、その人がこちらを名前で呼んでくれるようになります。

名前を忘れず、名前で呼ぶ。そうすることで、自分も〝名前で呼んでもらえる人〟になれるのです。

まさに「名前を呼ぶのは、人のためならず」なのですね。


ただし、注意していただきたい点が2つあります。

ひとつは「度が過ぎるとマイナスになる」ということ。

何でもかんでも名前を付けて、「ねえ○○さん」「でしょ、○○さん「どう？　○○さん」「それでさ、○○さん」と、のべつ幕なしに名前を連呼されると、親近感どころか「不快」「うっとうしい」「なれなれしい」と思われてしまいます。あくまでも〝大人の匙《さじ》加減〟で、しつこ過ぎずスマートに呼ぶようにしましょう。

もうひとつの注意点は「苗字を呼ぶ」こと。とくに女性を下の名前で「ちゃん付け」で呼ぶのはＮＧと心得てください。こちらが親近感を込めたつもりでも、即セクハラ確定となってしまいかねません。

親しき仲にも礼儀あり。相手の存在を認めるという目的を誤解されないためにも、「呼ぶなら苗字」をお忘れなく。

小さなミスは「知らぬふり」でスルーする

会話をしていると、ときに相手の方のちょっとした勘違いや聞き間違い、言い間違いなどに気づくことがあります。みなさんがそんな状況に直面したら、どうしますか。

ビジネス上の交渉事などなら、その場ですぐに訂正しなければなりません。また日常会話であっても、その誤解が周囲に広がると困った事態につながりかねないようなケースなら、その誤りを何らかの形で指摘し、正しい内容を提供するべきでしょう。

でも、普段の何気ない会話における、話の大筋とは関係のない些細な間違いや〝緊急を要しない〟誤りの場合、「知らぬふりで聞き流す」のが最善の対応だと私は思います。

気分よく話しているときに、些細なことを「それ、違いますよ」「○○じゃなくて△△です」とストレートに指摘されるのは、誰だっておもしろくないでしょう。

どんなに正しい理にかなった指摘でも、正された側はたいてい傷ついたり、恥をかいたと萎縮してしまったりするもの。会話もギクシャクしがちになります。

ですから大勢に影響のない、害もない会話なら、「勘違いしてる」「そうじゃないんだけどな」と心では思っても、「まあ、いいか」と寛大な心でスルーしてあげればいいのです。

「どうやって指摘するか」などと考える必要もありません。指摘したところで、会話は遮られる、相手は傷つく、場の空気は重くなる――誰も得をしないのですから。

余裕のない世の中になってきたからなのか、ほんの少しの言い間違いや他愛のない勘違いを〝鬼の首を取った〟かのように指摘したがる人が多いように思えます。インターネットの投稿コメントなどでも、ちょっとした表記ミスや勘違いの揚げ足を取るようなコメントが散見されます。

そんなときには、この程度の誤りをチクチクと指摘しなくてもいいのに。「自分はあなたより正しいことを知っている」と自慢したいのかしら――なんて思ってしまいます。

ずいぶん前の話で詳細は覚えていないのですが、あるお客さまとの会話のなかで、私が何か間違った情報をお伝えしてしまい、後になって「しまった、あの話、間違いだった」と気づいたことがありました。

顔から火が出るほど恥ずかしい思いをしたのですが、冷静になって思い返してみると、その話をしたとき、お客さまはその場で一瞬、「おや？」という表情をされていたのです。きっとその段階で私の間違いに気づいていらっしゃったのでしょう。でも、私に恥をかかせちゃいけないと、指摘せずに笑って聞き流してくださったのです。

翌日、すぐにお電話でお詫びしたのですが、「ああ、やっぱりそうだよね。でも酒飲み話なんだから大丈夫、大丈夫」と。そのお気遣いをとても嬉しく思ったものです。

「正しいことを正しいと言って何が悪い」「間違いを放っておくほうがよくない」という考え方もわからないではありません。確かにケースバイケースで、嫌われても、傷つけても、指摘しなければならない状況もあるでしょう。

でもそうでなければ、**些細な間違いなど知らぬふりでスルーする。気づかぬふりで聞き流す。そんな心遣いもまた、心地よいコミュニケーションの秘訣**なのだと思います。

由美ママのマイルール⑳

負のオーラを放つ「３Ｋ話」に要注意

数人で固まって声を潜めてヒソヒソ&コソコソ――。私、こういうの大嫌いです。話題に上っている人が近くにいるのを知っていて、わざと声を潜めて悪口陰口を言い募り、時折、チラ見したりする。こんなのは陰湿なイジメ以外の何物でもありません。

もしこんなシーンを見かけたら、相手が誰であろうと、どんな状況だろうと、

「言いたいことがあるなら、面と向かって言いなさい」

「人に聞かれて困る話なら、誰もいないところでおやりなさい」

と言い放ってしまう自信があります。

こうした「陰で」「コソコソ」「ここだけの話だけど――」で始まる「不愉快な３Ｋ話」と言えば、たいていは誰かの悪口や陰口と相場は決まっています。だって、いいことを誰かに隠すようにコソコソヒソヒソと話す人はあまりいませんから。

そして3K話をしている集団の周辺には、決まってどす黒い〝負のオーラ〟が立ち込めているもの。悪口&陰口から闇を抱えたネガティブな空気が発散されているのです。周囲の人たちは、こうした負のオーラに対して思っている以上に敏感です。誰かが近くでコソコソ話をしていると、人はみな、

「また誰かの悪口を言ってるんだろう」

「ひょっとして自分のことを貶《けな》しているんじゃないのか」

などと気になって、イヤな気分になってしまうもの。職場でも、仲間内でも、誰かがコソコソと3K話を始めると、その場全体が負のオーラ一色になってしまうのです。

私も『クラブ由美』の女の子たちには「店で、小声でヒソヒソと話すのは絶対にやめて」と言っています。女の子同士がそんな話をしている光景を見ると、「何かウワサされているみたいでいい気分がしない」と感じるお客さまも少なくありません。

3K話というのは、話の内容云々ではなく、陰でコソコソという行為そのものが周囲に不快感や不信感という負のオーラをまき散らすのです。

そしておもしろいのは、そうした3K話に目がない人ほど、ほかの誰かのコソコソ話

を見ると「自分の悪口を言っているに違いない」と邪推しがちだということです。

自分が３Ｋ話で悪口や陰口を言ってきたからこそ、他者の３Ｋ話もそうに違いないと考える。自分がこれまでに醸し出してきた不快感や不安感が、同じことをされて自分に返ってくる。今で言う「ブーメラン」という状況です。「あなただって同じことをしているでしょ」という意味では自業自得でしょう。

その点、仕事がデキる人、「自分」をしっかり持っている人、自分に自信があって前向きな気持ちを持っている人は、ネガティブ感情の共有で成立するような負のオーラむき出しの仲間意識とは無縁です。

そもそも群れて他人を誹謗するような真似はしません。また、**自分が口に出したネガティブな言葉は、自分の耳から自分の脳にもインプットされ、結局は自分自身をスポイルする**――。つまりコソコソ話は〝天に唾する〟のと同じであることも知っています。

周囲に疑念や不快感を抱かせるような行為はしない。自分がされればイヤな気分になることは、ほかの人にもしない。それは会話のルール以前に社会生活を送る上での最低限の礼儀であり、人としての品性の問題なのです。

他人の成功を心から喜べますか？

「結婚しました！」「ママになりました！」「○○を買いました！」「憧れの○○に旅行に来ています！」――。ＳＮＳなどで目にする芸能人や知人友人の〝幸せ報告〟を目にすると、心のどこかで「チッ」と舌打ちしている自分がいる――。

大仕事を決めて高い評価を受けた同僚や、出世して偉くなった学生時代の友人、ダイエットに成功してキレイになったママ友――。「すごいな」「おめでとう」と祝福してあげるべきなのに、心の片隅に「へぇ～」というひねくれた感情が湧き出てくる――。

そして、

「いちいちＳＮＳで幸せアピールなんかするなよ」

「たまたま運がよかっただけでしょ。次はそうはいかないよ」

「別に大したことない。その気になれば誰だってできるでしょ」

こんな感情を抱いてしまい、「他人の成功を喜べない」自分の心の狭さが嫌になった。その上、関係がギクシャクして今までのようなつき合いができなくなってしまった――。似たような経験がある人は、決して少なくないと思います。

人は「他者、とくに自分と同等だと思っていた近しい人が、自分が欲しかったものを、自分より先に手に入れたとき」、とくにうらやみや妬《ねた》みなどのネガティブ感情を抱きやすいのだそうです。

同じ職場で同じ仕事に携わっていた同僚が、自分より先に大きな成果を上げた。自分だって同じくらい仕事がデキる、いや本音では「自分のほうがデキる」と思っていた。なのに先を越されてしまった。何だよ、実はオレのほうがアイツより仕事がデキなかったのか。情けない――。こんなふうに推移する心中には、なかなか「おめでとう」という心からの祝福の気持ちが生まれてくる余地がなくなってしまうのでしょう。

仕事柄、数多くの成功者と呼ばれる人たちに接してきましたが、その方々に共通しているのは「ものごとの裏側に意識を向けられる」ということです。

仕事で大きな実績を上げた同僚が手にした「成功と評価」という結果だけに目を向けると、「うらやましい」「なんでアイツが」といった感情ばかりが湧き出てしまう恐れがあります。

でも、その成功の裏側に意識を向けてみると、どうでしょうか。そこには自分が知らなかった努力や苦労、我慢や痛みなどが存在しているかもしれません。運のよさだけではなし得なかった成功の本当の理由が見えてくるかもしれません。


成功する人は、その陰で成功するだけの努力を積み重ねています。しかしうらやみだけで見ると、どうしてもこの部分に目がいかないのでしょう。

成功者をうらやみ、卑屈になるだけでは、自分は一歩も前進できません。それよりも**嫉妬を敬意に変えて、その人が果たした成功へのプロセスから何かを学び、自分を高めるための糧にする**というマインドチェンジを心がけたいものです。

見事な成功を手にした人の、表面的な成功という事実にただ嫉妬するのか、成功の裏側に意識を向けて敬意を払うのか。その心持ちひとつで自分自身の生き方や考え方は大きく変わってくるはずです。

由美ママのマイルール㉒

人の話を「きく」ときは「聴く」

ひとつ質問です。

Aさん「私の話、ちゃんと聞いてる？」

Bさん「大きな声を出さなくたって聞こえてるって」

——さて、Bさんは Aさんの話を聞いているでしょうか。

答えは「NO」です。理由はもうおわかりですね。そう「聞こえているけれど、聞いていない」からです。もっと言えば「聴いていない」からです。ここで重要なのは「聞く・聴く」と「聞こえている」とでは、その意味合いが大きく異なるということです。

一般的に広く使われる「聞く」は、どちらかというと「音声を情報として受信する」ようなニュアンスです。ただ「聞こえている」になると、事情は少し変わってきます。

「聞く」には、まだ積極的な情報収集行動も含まれるのですが、「聞こえている」はお店のＢＧＭのように、自然と耳に音が入ってきているだけ。極端に言えば「鼓膜が振動して音として認識している」に近いニュアンスになります。

こうした姿勢については、英語でも表現が使い分けられています。「きく」を表す単語は主に「listen」と「hear」の2種類ですが、やはりニュアンスには違いがあります。「listen＝意思を持って耳を傾ける＝聴く」なのに対して、「hear＝音や声が自然に耳に入ってくる」なんですね。

ですから、Ｂさんの言う「聞こえてるよ」では、Ａさんの話を真剣に理解しようと耳を傾けていることにはなりません。Ａさんの声が耳に入ってきているだけ。悪意的に取れば「聞き流している」というニュアンスになってしまうでしょう。

学生時代、授業で先生の話をボーッと聞いていて、突然指名されたときに答えられず「聞いていませんでした」――そんな経験はありませんか。それも「音声としては聞こえていたけれど、内容を理解していない」状態の一例です。

コミュニケーション、とくにビジネスにおける会話では、相手の話を理解しようと「真摯に積極的に耳を傾ける」という能動的な姿勢が重要なのは言うまでもありません。

そのためには、聞こえているは論外として、**「聞く」よりももっと積極的に意識を傾けるニュアンスを持つ「聴く」という姿勢を意識することが大切**になります。

まずは自分の話をするのではなく、相手の言っていることを「聞く」。そこからさらに相手の気持ちや伝えたいことを理解したり、質問したり、共感したり、議論するために、より意識を向けて身を入れて「聴く」。こうした積極的な姿勢が会話による相互理解を深めていくのです。

「人の話を聞いているようで、その実、何も聞いていない」という人がいます。これほど失礼なことはありません。

相手の話を、どのような姿勢で「きく」のか。相手の言葉をただの音声情報として耳に入れるのか、その意味するところを理解しようと真剣に向き合うのか。

すべては「きく」側の意識の問題です。相手の話には真剣に耳を傾ける。それは会話が上手い下手という以前の、人づき合いの基本マナーです。

由美ママのマイルール㉓

会話中に「スマホのチラ見」をしない

最強のコミュニケーションツールとして、いえ、それ以上に日常生活を支えるライフツールとして、スマホはもはや暮らしになくてはならない神器となりました。今やスマホはひとり1台から、ひとりで数台持ちのような時代になっています。

スマホがあれば、通常の電話はもちろん、インターネットを通じて、誰とでも無料でテレビ電話ができる、SNSで見ず知らずの人とも知り合いになれる。写真や動画で遠方の人ともコミュニケーションが取れる――。いいことずくめのようですが、その一方で、スマホがあることが目の前の人とのリアルなコミュニケーションに悪影響を及ぼすようなケースも多く生まれているように思えてなりません。

というのも最近、誰かと対面で会話をしているときでも常にスマホを意識している「スマホのチラ見会話」の光景をよく目にするからです。

一緒に話をしている人がスマホばかり見ている——私がそれをされたら、「目の前にいる私との会話よりも、スマホのほうが大事で優先しているのかしら」「話がつまらないのかしら」と感じてしまうでしょう。

そもそも、目の前にいる人の話をしっかり聴きながら、同時進行でスマホをチェックし、着信に対処するのはかなり難易度が高いスキルのはず。どちらかが疎かになるのは目に見えています。

なかには「私はそのスキルがあるから大丈夫」という強者もいるかもしれませんが、問題にしているのはそこではありません。

目の前にいる人との「リアルな会話、今しかない時間」を楽しむことを最優先するのがコミュニケーションの最低限の礼儀ではないか、ということなのです。

もちろん、やむを得ない事情でチェックしたいメールやメッセージがあることもあるでしょう。それならば、「申し訳ない、重要な用件でどうしても確認だけしておきたいので」と断りを入れればいいのです。

話の途中でチラチラとスマホをのぞき込むことほど相手を興ざめさせることはありま

せん。そうした声かけをしておくことも、スマホ時代のマナーだと心得るべきでしょう。

アメリカのある大学が「会話の最中に携帯電話をチェックすると、相手との関係にどんな影響が出るか」という研究を行った結果、相手は「どうせこちらの話は聞いてくれないだろう」と感じて親密度が劇的に低下したというニュースを見たことがあります。人間関係における「スマホのチラ見会話」の悪影響は、単なるマナー違反というだけでなく学術的な研究によっても証明されているのですね。

同様に、時間を気にするあまり会話の途中で何度も時計をチラチラと見るような行為も避けたいものです。こっそり見ているつもりでも、相手のそうした行動は思いのほか目についているもの。あまりにも頻繁に時計のチェックをすると、お相手に「調子に乗って長話をし過ぎたかしら」「ご予定があったのに迷惑をおかけしたのでは」「早く帰りたいのかしら」などと要らぬ気遣いをさせてしまうこともあります。

これもスマホと同じで、どうせ見るなら「今、何時ですかね？」と相手に声をかけて堂々と時間をチェックし、「こんな時間だ。そろそろ」とか「まだ全然平気だ」とか、状況に合わせた行動をするほうが好感度も高くなります。

スマホしかり、時計しかり。目の前にいる人との交流を大切にしようという意識は、現代社会における人間関係の基本だと思います。

由美ママのマイルール㉔

謝罪、転じて福となす

自分の過ちや間違いを認めず、決して謝らない人は少なくありません。さらに質が悪いのが、「私が悪いんじゃない」「○○のせいでこうなった」「責任は△△にある」と自己正当化や責任転嫁、事実隠ぺいなどに走るケースです。

プライドが邪魔をしているのか。自己評価が下がることを恐れているのか。理由はいろいろあるでしょうが、大人としてこれほど格好の悪いことはありません。

謝罪とは「引き起こされた結果」に対してするものです。「ミスするつもりはなかった」のは当たり前のこと。「ミスしようと思ってする人はいない」は周囲の人が言う言葉。それを自分から持ち出しても、ただの自己弁護にしかなりません。

謝罪をするときに何より大事なのは、言い訳や弁解をしないことです。理由や状況の弁明は後回しで、まずはミスや間違いという「生じた結果」について潔く詫びる。説明すべき状況や経緯などはその後に補足すればいいのです。

「確かに私のミスですが、急に言われたって無理だし、月末でほかの仕事も忙しかったんです。仕方ないじゃないですか」

――謝罪の意もなく、のっけから言い訳のオンパレード。これでは「この人の事情を酌んであげよう」という気持ちにもなりません。

2018年に日大アメフト部の反則タックル問題が話題になり、私も当時、タックルをした選手の謝罪会見をテレビで見ました。彼が行った危険な反則タックルは確かに責められるべき行為だったと思います。

でも監督やコーチからの指示を言い訳にするのではなく、事の善悪を自分で判断できなかった自分の弱さを悔いて責任を認め、自ら世の中に顔を晒して会見に臨む。その姿に彼の勇気と潔さを感じたものです。

　のちに彼が選手として復帰できたことをニュースで知りましたが、そうした真摯な態度だったからこそ、世の中の感情も「赦し」へと傾いていったのだと思います。


　日本には、間違えたり失敗したとき、他者に迷惑をかけたときに、「きちんと謝る」という文化があります。潔く自分の非を認め、頭を下げて謝罪する。それは単に「許しを請う」だけでなく、自分自身が素直に反省し、相手との関係を維持するために欠かせない行為なのだと思います。

　欧米では「謝ったら負け。自分に非があると認めることになり、後々不利になる」という考え方から、「Excuse me（失礼）」とは言うけれど、すぐに「I'm sorry（ごめんなさい）」とは言わない──そんな話を聞いたことがあります。

　訴訟社会ゆえに、謝罪は自分の言動の意図を論理的に説明してから、という発想になるのでしょう。

　文化の違いと言ってしまえばそれまでなのですが、私はどうしても、「謝るのは負け」

という考え方に大きな違和感を覚えてしまいます。

「非を認めて素直に謝れる人」のほうが潔くて素敵だと思いますし、自分自身もそうありたいと思っています。

もちろん、自分に非がないことや身に覚えがないことまで謝ることはありません。でも明らかに自分に非があるときでも、何だかんだと自分勝手な理屈をつけて言い訳し、ミスを正当化して責任逃れしようといった態度は、人としての資質に欠けるみっともない行為だと思います。

人間ですから、誰だって間違いや失敗をします。そこで本当に大事なのは「その後、どうするか」です。自らの行いを省みて、自らの非を潔く認めて、誠意をもってしっかりと謝罪できるかどうかにかかっているのです。

潔く頭を下げる謝罪は、実は「人としての株を上げるチャンス」でもあると私は考えています。ビジネスでもプライベートな人間関係でも、素直に間違いを認めて謝ったことを機に、前よりも信頼関係が深まることも往々にしてあります。「謝罪転じて福となす」というケースが少なくないのです。

「ごめんなさい」「申し訳ない」と言ったからといって、それは人間関係における「負け」でもなければ、相手への「屈服」でもありません。むしろ、素直にそのひと言を口に出せることは、その人の誠実さや人としての成熟さの証しでもあると思います。

さらに大切なのは、同じ失敗を繰り返さないように努めることです。

謝って許してもらえたらすべて一件落着、ではありません。**謝罪の経験を糧にして自らにフィードバックし、同じような状況に直面したときに同じ過ちを繰り返さないように、意識や行動を改めていく。**ここまでが「潔く謝る」ことだと思うのです。

♛由美ママのマイルール㉕

できない依頼ははっきり断る

日本人は協調性や和を重んじ過ぎるあまり、頼まれごとをキッパリと断ることに後ろめたさを覚える傾向が強いように思います。

断ったら申し訳ない、落胆させたくない、相手の事情を察してつい――断れない人は、基本的には真面目でやさしい心の持ち主なのでしょう。相手を失望させたくないがゆえに、自分を犠牲にして、過度の負担を覚悟してまで「ＹＥＳ」と言ってしまう、いわゆる〝いいひと〟なのだと思います。

また、頼まれごとを断ったら「自分に能力がないと思われる」という不安を覚える人もいます。自己評価が下がるのが怖くて断れないがゆえに〝いいひと〟になってしまうタイプです。

ですが私は、何でもかんでも引き受けてしまう断れない人は、本当の意味での「いいひと」ではないと思っています。

間違いなく自分で何とかできる、頼んできた人の期待に応えられるというレベルの頼まれごとならば、自分の予定と相談しながら引き受ければいいでしょう。

でも、自分の能力を超えているレベルの頼まれごとを、「断ったら気分を害されるかもしれない」「無能なヤツと思われるかもしれない」といった恐れの感情だけに引っ張られて無理をして引き受けるのは、決して〝本当のいいひと〟の行いではありません。

安易に引き受けておいて、もしできなかったらどうするのですか？　期待に応えられなかったらどうするのですか？　やっぱり無理だったと投げ出すのですか？

本当に**仕事がデキて周囲からも信頼されている人は、自分にできないことは「できない」とはっきり言える勇気を持っています**。今の自分にできること、今の自分ではできないことを自覚して、相手の希望に沿える自信や依頼に応えられる確証が持てないことは最初から引き受けない。安請け合いをしない。

引き受けた以上、「やっぱりダメでした」というのは無責任だと考えるのが〝ちゃんとした大人〟であり、本当の意味での〝いいひと〟なのです。

A：最初から「できない」と断った。
B：安請け合いしたけれど、結局できなかった。

この2つの状況を比べてみてください。AもBも、どちらも「できなかった」のですから、「期待に応えられなかった」という意味で結果は同じです。
ところが頼んだ側に芽生える気持ちに目を向けると、そこには天と地ほどの大きな違いがあります。
というのも、**同じ「できなかった」のなら、適当に引き受けて「やっぱりできなかった」より、最初から「引き受けなかった」ほうが、信頼感や信用度は上がる**ように思うのです。

私自身、長きにわたってこの仕事をしているとお客さまからいろいろと〝頼まれごと〟をされる機会も多くなってきます。

「由美ママ、今度、○○さんを紹介してもらえないかな」

「△△さんのお店の予約、頼めないかな」

「○○さんのコンサートのチケット、取れないかな」

そうしたとき、常に意識しているのは「安請け合いしないこと」なのです。

「間違いなくできること」については、もちろん快くお引き受けしますが、どう考えても難しそうなときは正直に事情を話して「お力になれなくて申し訳ありませんが」とお断りします。もしくは最初に「できるだけやってみますが、あまり期待なさらないでください」と、きちんと申し上げてから引き受けるようにしています。

何事においても希望に沿える自信、依頼に応えられる自信を持てないことは最初から引き受けない。そのほうがよほど人として誠実だということです。

さらに言えば、断るときもただ単に「できない」とだけ言うのではなく、

「私では力になれないけれど、こうしてみたら？」

「私には難しいけれど、〇〇さんなら力を貸してくれるかもしれません」

などといった〝代替案〟を提案できれば、なおよし。こういう断り上手な人が〝できなくても信頼される人〟になれるのです。


できないことを断るのは失礼でも悪いことでもありません。自分の意思表示をして断ったのであれば、罪悪感を覚える必要もありません。むしろ、できそうにないと思いながら〝つい〟引き受けてしまうほうがよっぽど不誠実なのです。

♛由美ママのマイルール㉖

「自分の言葉の行方」を想像する

昨今、テレビや新聞、ネットニュースで政治家や著名人の軽率な失言や不用意なコメントによる騒動が後を絶ちません。失言を報道され、非難されて謝罪し、ときには辞任や更迭に追い込まれた議員先生の何と多いことか。

「失言→炎上→謝罪」というニュースを見るたびに感じるのは「想像力の大切さ」です。

こういう表現をすれば相手はどう思うだろうか。この場にふさわしいだろうか。今の時世に逆行してはいないだろうか。世の中にどれだけの影響を及ぼすだろうか。

自分では〝上手いこと〟言ったつもりだが、聞いた人はそう感じるだろうか。目の前の聴衆にはウケても、どこかに不快を感じさせたり、傷つけていたり、憤ったりする人がいるのではなかろうか――。

田中角栄元首相はこう言いました。「政治家は『言って良い事、悪い事』『言って良い時、悪い時』『言って良い人、悪い人』に普段から気を配らなければならない」と。この気配りの根底にあるのが想像力なのです。

以前、ある政党では「失言防止マニュアル」なるものを作成して所属議員に配布したといいます（今も配っているかはわかりませんが）。でも本当に必要なのは、マニュアルよりもこうした想像力なのですね。みなさん〝分別のあるいい大人〟のはず。マニュアルなどなくても、ごく当たり前の想像力を働かせるだけで、最低限の「言っていいこと、いけないこと」くらいはわかるのではないでしょうか。

想像力が大事なのは、何も政治家や著名人だけではありません。すべての人にあてはまる「社会生活の基本」だと思うのです。

今はSNSやブログ、コメント投稿など、誰もが世の中に向けて情報発信できる時代です。そのこと自体は素晴らしいことだと思います。

でも、そんな時代になったがゆえに、何気なくSNSに書き込んだ不用意なひと言が読んだ誰かを傷つけることもあります。そのつもりはなくても読み手が、冷たく思いやりのない表現と感じることもあります。冗談のつもりがシャレにならない伝わり方をして、読み手を怒らせることもあります。

誰もが自由に言いたいことを発信できるからこそ、自分が発した「言葉の行方」に対する想像力を失ってはいけないのです。

私は毎日、グルメ情報や親しくしている方々の活動報告をブログやＩｎｓｔａｇｒａｍ、Ｔｗｉｔｔｅｒで更新していますが、その際には常に言葉遣いや表現を意識し、配信の意図が正しく伝わる内容になっているかを確認するように心がけています。

個性的な文章やユニークな表現も大事ですが、その前にまず、自分の言葉が読んでくださる方にどう伝わるのか、その行方を想像する。ブログにせよメールにせよ、「送信」ボタンを押す前には、必ずこのプロセスを踏むようにしているのです。

ある編集者の方にお聞きしたのですが、人気アニメ『名探偵コナン』のなかに主人公が言うこんなセリフが出てくるそうです。

「言葉は刃物なんだ。使い方を間違えるとやっかいな凶器になる。言葉のすれ違いで一生の友達を失うこともあるんだ」

聞けばその方が奥さまと口喧嘩になったとき、お子さまにそう言われたのだとか。そのお子さまの賢さにも驚いたのですが、まさに「コナン君の言うとおり」ですね。

言葉は人間だけが持つ素晴らしいコミュニケーションツールですが、同時に、人間だけが持たされた「凶器」でもあるということ。私たちは誰もがその凶器を持ち歩いていることを忘れてはいけないのだと思います。

とはいえ人間は完璧ではありません。「言い過ぎた」「誤解を招く言い方をした」などと後から後悔することは誰にでもあります。私も何度も苦い経験を繰り返してきました。

だからこそなおさら、目の前の相手や周囲の人、そしてその場にはいないけれど自分の言葉を耳にするであろう人々の気持ちを思いやる意識が大切だと痛感しているのです。

言葉で誰かを傷つけないために、言葉で大切なものを失わないために、常に〝言葉の行方を想像する力〟を持ちたいものですね。

由美ママのマイルール㉗

心と体を「相手」に向けて会話する

私たちの仕事は、お酒とお話でお客さまに楽しい時間を提供すること。ですが私自身は舌足らずで早口で、流れるように淀みない巧みな話術など持ち合わせていません。決して話し上手とは言えないタイプだと自認しています。

ただ、そんな私がお店でも、お店を離れたプライベートな時間でも、会話のなかで常に意識していることがあります。

それは、「心の向き」と「体の向き」です。

「心の向き」とは、「誰本位の会話か」ということ。心を自分に向けた会話とは、自分が満足したいために、自分が言いたいことだけを、自分の気分や感情のままに話すこと、つまり「自分本位の会話」です。こうした会話は、自分は気持ちよくなれても、相手にはなかなか伝わらないもの。心に響かないものです。

逆に、心を相手に向けている人の会話とは、相手とのやりとりを楽しむため、相手との距離を近づけるため、相手と共有する場の空気を和ませるためという「相手本位の会話」になります。相手やその場のことを慮《おもんぱか》ってなされる会話は、つたなくても相手の心の奥深くにまで届くでしょう。

結局のところ、**会話とは言葉を介した「心」のコミュニケーション**です。だからこそ「心の向き」が大事になるのです。

もうひとつの「体の向き」とは字の如く、会話をするときの体勢、体の構えのこと。つまり、「会話のとき、相手に体を向ける」ということです。

あなたの話が聴きたい、あなたの話に関心があるという気持ちを表すもっとも基本的な方法が、「相手に体を向ける」ことなのです。

そんなの当たり前と言うなかれ。この至極当然と思える所作ができていないケースが決して少なくないのです。

例えば、デスクワーク中に「ちょっといいですか?」と声をかけられたとき、パソコン画面に体を向けたまま、顔だけを動かして対応する人がいます。これでは、声をかけてきた人は「何だか適当にあしらわれている」と感じてしまうかもしれません。たとえこちらが「そんなことない」と思っていても、です。

私たちの心と体はつながっています。体全体を相手に向けることで、相手は「自分に意識を向けてくれている」と感じます。逆に顔だけこちらを向いていても、体が〝あさっての方向〟を向いていたら、相手は「意識が自分に向いていない」と感じてしまうでしょう。まさに「身を入れて」聴いていないと思われてしまうのです。

この場合なら、いったん仕事の手を止めて、相手に体の正面を向けて聴く。すぐに手が離せなければ「ちょっと待ってて」と仕事を一段落させてから、やはり体の正面を向けて「どうしたの？」と答える。この体勢になって、ようやく相手との会話のスタートラインに立ったことになるのです。

会話をするときは「相手に心を向ける」「相手に体を向ける」のが基本です。

これは１対１の会話だけでなく３人以上での会話でも同じこと。この仕事をしていると、ひとつのテーブルで複数人のお客さまとお話をすることなど日常茶飯事です。

そうしたときでもやはりその場で今、話している方に体を向けるのが基本です。正面の方が話されているときは真っ直ぐに向け、右隣りの方が話し始められたら体ごと右を向いてその方のお話に耳を傾ける。左の方が話すときは左に――。

まるで〝首振り扇風機〟のようでもありますが、それでいいんです。こうした所作を自然にさりげなく、それでいて機械的でなく心を込めてできる。それも私たちに求められる会話力のひとつなのです。

心を相手に向け、体も相手に向けて、あくまでも相手本位で会話する。 こちらがそうした姿勢で向き合えば、相手もこちらの心に寄り添った姿勢を返してくれるはず。そして言葉を交わし合い、心と心が通じ合う。

これこそがコミュニケーションの本質なのだと、私は考えています。

由美ママのマイルール㉘

ハラスメントへの意識を高めた言動を

「セクシャル・ハラスメント（セクハラ）」という言葉が、新語・流行語大賞にノミネートされて新語部門で金賞を受賞したのは1989年のこと。以降、それがきっかけとなって、世の中にはさまざまなハラスメントが生まれました。

以前、あるテレビ番組で知ったのですが、『一般社団法人日本ハラスメント協会』によれば、現在、職場でよくあるハラスメントは約40種類もあるのだとか。

例えば、セクシュアルハラスメント（セクハラ）、パワーハラスメント（パワハラ）、マタニティハラスメント（マタハラ）、モラルハラスメント（モラハラ）、ジェンダーハラスメント（ジェンハラ）、アルコールハラスメント（アルハラ）、カスタマーハラスメント（カスハラ）などは代表的なハラスメントとして知られています。

また、昨今の新型コロナウイルス感染症の流行によって、

●ワクチンハラスメント（ワクハラ）：ワクチン接種の強要

●逆ワクチンハラスメント（逆ワクハラ）：ワクチンを接種しないことを強要

といったハラスメントも出現しました。さらに、そしてあまり耳慣れないこんなハラスメントもあります。

●スメルハラスメント（スメハラ）：においで他人に不快をさせる行為

●スモークハラスメント（スモハラ）：喫煙者がタバコで非喫煙者を不快にさせる行為

●パタニティハラスメント（パタハラ）：育児休暇制度を取得する男性への嫌がらせ

●セカンドハラスメント（セカハラ）：ハラスメントを訴えたことで受ける二次的被害

●ハラスメントハラスメント（ハラハラ）：何でも『ハラスメント』と主張する行為

●エイジハラスメント（エイハラ）：年齢を理由にした差別や嫌がらせ

●エアーハラスメント（エアハラ）：エアコン設定温度で他人の体調を損なわせる行為

●ラブハラスメント（ラブハラ）：恋愛や性の話をしつこく聞く行為

●フォトハラスメント（フォトハラ）：許可なく写真を撮ったり、ＳＮＳにアップする

行為

●カラオケハラスメント（カラハラ）：嫌がっている人にカラオケを強要する行為

なかには、職場で特定の人にだけお菓子をあげなかったり、旅行に行く人にお土産のお菓子を強要する「お菓子ハラスメント（オカハラ）」、何の対策もせずに上司が部下に残業を禁止し、定時退社を強要する「時短ハラスメント（ジタハラ）」、パソコンやスマホなどに疎い人に嫌がらせをする「テクノロジーハラスメント（テクハラ）」といったものも。ほかにもまだいくつものハラスメントが指摘されています。

いずれにしても、何らかの形で相手に苦痛を与えたり、不快にしたりする行為はことごとくハラスメントになると認識しておいたほうがいいでしょう。

こうした行為を意識的に行っているケースは論外ですが、なかには「そんなつもりじゃなかった」「差別と思っていなかった」といった悪意がないケースもあると思います。でも、それでもハラスメント的な行為が〝アウト〟になることに変わりありません。

あらゆるハラスメントに共通していることですが、自分にそのつもりがなくても相手が「差別」「嫌がらせ」と感じたら、それはもうハラスメントになるのです。とくに年配の方のなかには「自分たちの若い頃は当たり前だった」という意識のまま行った言動がハラスメントに該当してしまうこともあります。

「差別のつもりがない」ことと「差別的な言動をしない」ことはイコールではありません。そのつもりがなくても、結果として差別になっていることは十分にあり得るという意識を忘れてはいけないのです。

先に列挙したように、現代社会にはさまざまなハラスメントが存在していますが、そのなかでも最近、私がとくに気になっているのが「ジェンダーハラスメント（ジェンハラ）」です。

ジェンダーハラスメントとは、「男はこうあるべき、女はこうあるべき」といった発想のもと、性別で人の資質を判断したり、性差によって行動を制限したりする発言や態度のことを指します。

「もう少し女らしい格好をすれば？」

「女性が担当じゃ不安だから代えてもらえ」

「女性上司の下でなんか働けるか」

「男なら家庭より仕事優先だろ」

「男のくせに細かいことを言うな」

「男だったら、この程度の力仕事ができなくてどうする」


――すべてアウト。「女性らしさ、男性らしさ」を求める発言、「女だから」「女性には無理」といった決めつけ、すべてジェンダーハラスメントです。

加えて、ＬＧＢＴ（レズビアン、ゲイ、バイセクシャル、トランスジェンダー）に対するジェンダーハラスメントも取り沙汰されています。


最近、岸田文雄首相の秘書官を更迭された荒井勝喜秘書官の「同性婚、見るのも嫌だ」などの発言は言語道断で、

「隣に住んでいるのも嫌だ」

「同性婚を認めたら国を捨てる人が出てくる」などとこんな発言をしているような人は「ジェンダー意識のない人」「乏しい人権意識」の烙印を押され、あまりに現実社会とかけ離れ過ぎていて〝総スカン〟でした。

仕事がデキる人は、「男だから、女だから」という視点で人を見ません。性差ではなく、「ひとりの人間」として、その個性や資質、能力を見ようとします。これからのビジネス現場では、性別・性差に関するステレオタイプ的な価値基準を否定し、捨て去ることがとても重要ですね。

ジェンダーハラスメントに限らず、すべてのハラスメントは、やはり個々の意識に根差している問題だと私は考えます。多くの企業で「ハラスメント防止のための研修」が行われているようですが、研修中や研修直後は理解し、納得するけれど、時間が経つにつれてその意識が薄れてしまうというケースもあるのではないでしょうか。

ハラスメントとは「対策マニュアルで禁止されたことさえしなければいい」「NGとされているワードさえ使わなければいい」といった小手先の言動変容だけで解決すると

いうものではないのです。

何よりもまずは相手を尊重し、相手の気持ちに敏感になり、自分の思い込みに気づく。何気ない言動でも相手を傷つける可能性があることを認識する。もし万が一、相手を傷つけてしまったら、立場を超えて素直に「ごめんなさい」と謝る。すべての人同士がよりよい関係性を築くためには、机上での研修よりも、ひとりひとりの内なる意識を変えていくことが大切になるのだと思います。

第4章　自らを律し、高みを目指す
――デキる人に共通する成功の哲学

先延ばしという〝時間負債〟を背負わない

私は「後で」とか「いずれまた、そのうちに」という類の言葉が大嫌いな性格です。だって「後で」は「今やらない」と同じこと。そう言われると、「後じゃなくて、今すぐやって」「いずれやるのなら、今やりましょうよ」と思ってしまうのです。

お店で多くのビジネスマンと接してきましたが、仕事がデキる人は総じて「後で」という言葉を口にしません。『クラブ由美』のお客さまもみなさん、話も決断も、行動も早く、フットワークが軽い方ばかりです。

「今度、○○さんを連れてきて、ママに紹介するよ」という話になると、

「じゃあ、いつにしようか。再来週の水曜、会合で一緒だからその後はどう?」

と、とにかく話が早い。

そしてすぐにお相手の方に電話をして、即予定を確認してくださいます。もし先様の都合が悪くても、その場で「だったら何日にしようか」となる。あれよあれよという間に予定が決まっていくのです。

「『またいつか』なんて言ってると絶対に紹介できないから。今、すぐに決めちゃうのが一番いいんだよ」

一事が万事で、こうした姿勢や考え方の人は、仕事の現場でも即断即決、後回しや先延ばしをしないもの。当然、仕事もデキるし周囲からの信頼も厚いはずです。

逆に、「後で」「今度」が口癖になっている人は、仕事だけでなくプライベートでも先延ばしの常習犯というケースが少なくないでしょう。

こうした人に共通する常套句が、「やらないとは言っていない」です。「今すぐはやらないけれど、後でならやる」というわけです。

でもそういう人に限って、「後」になってもやはり面倒になって、さらに「また後で」と再び先延ばしにしてしまいがちです。こうしたことを続けていると、いずれ「やるやる詐欺」などと揶揄《やゆ》され、周囲からアテにされなくなってしまうでしょう。

私自身の話で恐縮ですが、『クラブ由美』を始めて40年、当初から欠かさずに続けてきたことがあります。それは毎朝起きてから、前日お見えになられたお客さまに「手紙」を書くことです。ご来店のお礼とその日の話題や会話の内容に関するひと言を添えて。もちろん自筆です。多いときは1日に10通以上書くことも。この手紙は私にとって、お客さまへの大切なおもてなしのひとつです。

正直言って、毎日深夜に帰宅して、翌朝早く起きて手紙を書くのはかなりハードです。でも、お会いした日から時間をおかずに書いてお送りするからこそ、おもてなしになるのです。

それにその日のうちに書いておかないと、明日にはまた新しいお客さまがお見えになります。今日書けば4枚で済むのが、明日になったら8枚書かなければならなくなる。これでは数日でパンクしてしまいます。だから絶対に「明日にしよう」にしないのです。それは、お客さまへのおもてなしであると同時に、私自身のためでもあるのです。

今日やるべきことを明日に先延ばしするのは、クレジットで明日の時間を前借りしているようなもの。つまり〝時間負債〟を抱えることになるわけです。当然、その負債は明日には返済しなければなりません。でもその明日に優先すべき大事な用事があったら、また先延ばしして時間を借りなければならなくなります。

こんなことを繰り返していると時間負債が雪だるまのように膨れてしまい、いざ本当に大事な用事があったとき、それに費やす時間が足りなくなる事態にもなりかねません。

間違いなくきっちり返してくれる人はお金を借りられるけれど、ああだこうだ言ってなかなか返してくれない人には誰もお金を貸してくれません。それと同じこと。

「後でやっておくよ」は、きちんと優先順位を考えた上で、本当に後で処理するという実績を重ねてきたことで得られる〝社会的信用〟です。ただ面倒でズルズルと先延ばしばかりしている人がこんなことを言っても、誰も信用してくれないでしょう。

昔から**「今度とオバケは出たためしがない」**と言います。やるならすぐやる。やらないなら「後でやる」などと言わない。それが人に信用される誠意というものなのです。

由美ママのマイルール㉚

目先のことに一喜一憂しない

ものごとが思いどおりに進めば嬉しくて喜び、思うように進まなければ辛く悔しい。喜怒哀楽のある人間ですから、そう感じるのは当たり前です。

でも、それも程度問題。いいことがあるとすぐに感情を爆発させて大はしゃぎし、かと思えば、些細なことでも落ち込んで目も当てられないほど悲観的になったり――。あまりに感情の落差が激し過ぎるのは、大人として考えものと言わざるを得ません。

「勝って驕らず、負けて腐らず」という言葉があります。いいときに思い上がらず、悪くても不貞腐《ふてくさ》れるなという意味です。

調子がいいときに、「オレは実力がある」とうぬぼれて必要以上に過信すると、そこには必ず落とし穴があります。

逆に調子が悪いときに「オレはもうダメだ」と必要以上に自己否定すると、本当にそこでダメになってしまうものなのです。

『クラブ由美』にはスポーツ界のお客さまもよくお見えになられますが、一流と呼ばれるスポーツ選手は、みな「勝って驕らず、負けて腐らず」の姿勢を貫いているといいます。

これはある武道家の方にお聞きしたのですが、「礼に始まり、礼に終わるのが武道。試合に勝った喜びのあまり舞い上がってその礼を怠るようなことがあれば、『武道家としては負け』の烙印を押されてしまう」のだとか。

目の前の勝ち負けに一喜一憂せず、常に平常心を忘れない。勝って兜の緒を締めるが如く、結果に満足せずにさらなる高みを目指し、負けて自らの今の実力を知り、腐らずにさらなる精進に励む。こうした姿勢を持てる者が、本当の意味で「強く」なるのだと。

これはビジネスでも同じです。仕事だっていいときばかりでも、悪いときばかりでもありません。大事なのは、それらにいちいち振り回されたり過剰反応したりしないこと。

進行過程における失敗や不都合などに一喜一憂せず、着実に今するべきことを積み重ねることが、最終的な結果へとつながっていくのです。

それに一喜一憂ばかりしていると、人は自分の感情を見失いやすくなります。その場その場で感情を上下させてばかりいると、だんだん自分の感情をコントロールできなくなってくるんですね。

ちょっといいことがあると、すぐに感情メーターがプラスに思い切り振り切れてしまう。ちょっとよくないことがあると、感情メーターが極限までマイナスに振り戻されてしまう。これでは、冷静になる必要があるときに、なかなかメーターをフラットに停止できなくなってしまいます。

また、一喜一憂ばかりしている人は自分の感情をすぐに周囲に表してしまいがち。状況が変化するたび、すぐ喜んだりすぐ悲しんだり、という理性的ではない感情の起伏が激しい姿を〝周囲がどう見るか、どう思うか〟という視点も大事になるでしょう。

誤解のないように申し上げますが、決して「喜ぶな」「悔しがるな」と言っているわけではありません。ただ、事あるごとにいちいち浮ついて思い上がったり、うつむいて悲観的になっていたりしたら心も体ももたないでしょう。そして、人が〝足元をすくわれる〟のは、得てしてそういうときなのです。

ひとつの成功で〝我が世の春〟のようにのぼせ上がらず、そこからなお反省点を探し出す。ひとつの失敗で〝この世の終わり〟のように落胆せず、そこから同じ失敗を繰り返さない努力をする。目の前のいい悪いだけに振り回されず、成功からも失敗からも成長や学びを得る。

最終的に成功をおさめ、夢や目標を叶えるためには、プロセスに一喜一憂せず、自分がやるべきことを見つめる冷静さが必要だと思うのです。

由美ママのマイルール㉛

ネットやスマホから少し離れる

どこもかしこも何もかもがオンライン化され、インターネット環境がなければ仕事にならない——今はもうそんな時代です。

40年前に私が『クラブ由美』を始めた頃は、こんな時代が来るとは思ってもみませんでした。当時はインターネットやスマホはおろか、パソコンも携帯電話もなく、通信手段は固定電話か公衆電話、手書きのはがきや手紙だけ。お客さまへの営業電話を会社にかけることしか術がなく、慌てた小声で「ちょっと今はマズいんだけど」——といったことはクラブの女の子なら誰もが経験したものです。

それが今では、すべてがスマホのメールやパソコンで事足りるのですから、便利になったもの。隔世の感を覚えます。

それはさておき——。

確かにインターネットは素晴らしいもの。社会にもたらされた恩恵の大きさは計り知れません。ただ一方では、その普及によって困った事態や危険な弊害が生まれていることもまた事実だと思います。

「ネット依存」なる言葉もすっかり一般的になりました。１日、半日、いえ１時間たりともインターネットやスマホを使わずにはいられない。手元にスマホがないだけで大きな不安に襲われる。

ほんの短時間でもＳＮＳをチェックできないと「誰かが新しい情報を更新しているんじゃないか」「私だけ取り残されているんじゃないか」と焦りを感じる。

自分がＳＮＳに投稿したメッセージへの「いいね」の数が気になって仕方がない。「いいね」が少ないだけで「何がいけなかったのか」と思い悩み、「もっとウケるものを」「もっと『いいね』がつくものを」投稿しなきゃと強迫観念にとらわれる――。こうした〝症状〟がある人が急増しているといいます。

さらに言えば、インターネットやスマホに気を取られるあまり、リアルに目の前で起きている出来事に目を向けていない人が増えているように思えます。

スマホを見ながら歩いている人同士がぶつかってケンカになる。出来たての料理を味わいもせず、SNSにアップするための〝映える〟写真を撮ることに夢中になる。家族や友人と会話をしているのにスマホから顔を上げない――。

目の前で事件や事故が起きてケガ人が出ていても、手を差し伸べるより先にSNSにアップする写真を撮ろうとするような事態も少なくありません。

インターネットやSNSに思考や感情、行動を束縛される。非常に由々しき事態だと思いませんか。


「月に2回、休日の丸一日を『インターネットを断つ日』にしているよ。休肝日ならぬ『休脳日』ってわけだ」

――こんなお話をされたお客さまがいらっしゃいました。SNSもやっているけれど、その日はチェックしない。写真は撮ってもSNSに投稿するのは休み明けなのだとか。

思わず「それは素晴らしいことですね」と申し上げました。そのお客さまのおっしゃることに大いに共感したからです。

常にインターネットとつながって、好むと好まざるとにかかわらず押し寄せる膨大な情報の波に流されて自分のいる場所を見失い、自分自身さえも見失ってしまう──。現代社会はこうした〝未曽有の情報洪水〟に見舞われている時代とも言えるのではないでしょうか。

だからこそ自分から意図してインターネットの大波から自分自身を解き放つ時間をつくる。そうした行為は、今この時代だからこそとても大事だと思うのです。

もちろん完全にやめるとか、インターネットとのつながりを１００％シャットアウトするのは不可能でしょう。でも「週に１日」とか「土曜日の半日」「１日に１時間」というように、意識してネット環境から距離を置くことはできるはず。また、「週に１度、スマホを持たずに散歩に出かけてみる」「家族での食事にはスマホを持ち込まない」といったルールを決めて、スマホを手放す時間をつくるのもありかもしれません。

先のお客さまがおっしゃった「休肝日と休脳日」ではありませんが、インターネットやスマホはお酒に似ているところがあるように思います。

お酒は上手に飲めば百薬の長ですが、飲み方を間違えると心身に悪影響を及ぼしてしまうもの。インターネットも正しく賢く使えばこれほど便利で役立つ万能なツールはありません。でもその便利さに依存し、振り回されるような使い方をしていると自分を見失う深い落とし穴になってしまうでしょう。

お酒は「飲んでも飲まれるな」といいますが、同様に、**私たちはインターネットやスマホに対して「使っても縛られるな」という意識で向き合うべき**だと思うのです。


自分なりのルールを決めて、インターネットやスマホから自分を解放する時間を持つ。

インターネット社会との適度な距離感を保つ。

目の前のリアルな現実を見つめる〝目〟を取り戻す時間を大事にすることが、本当の意味での知性や教養を育て、品格のある生き方を可能にするように思えてなりません。

由美ママのマイルール㉜

好調なときほど地に足を着ける

銀座での40年間は時代の浮沈の歴史でもあります。不景気や災害など何度も苦しいことに見舞われてきましたが、一方で〝いいとき〟もありました。

私が銀座で『クラブ由美』を開店して、今の場所に移転した1985年以降の日本は空前の好景気、いわゆるバブル時代の真っ只中でした。株価は3万円を超える高値を更新し続け、地価も上昇してリゾート開発やゴルフ会員権売買なども盛んで、世の中に〝バブル長者〟なる人種があふれていたのです。

とくに銀座の夜の活気ある光景は、バブル景気の象徴だったように思います。後に訪れるバブル崩壊など想像できない、世の中全体が〝浮かれていた〟時代でした。

おかげさまで『クラブ由美』も毎夜盛況でありがたかったし楽しかったのですが、それでも私自身、そうした世の中の熱気というか〝浮かれ気分〟をどこか冷静に見ていたところがあります。

この異常なまでの好景気がいつまで続くかなどわかるはずもありませんでしたが、バブルの恩恵だけで生まれてきた成金のような人は、結局は今だけのお客さまであり、長くおつき合いできるお客さまにはなり得ないだろう、という気持ちは持っていました。

街に、店に、驚くような大金を毎晩のように落としてくれるバブル長者があふれ返っているときだからこそ、昔から地道に応援してくださっているお客さまを大切にしたいと思ったのです。

バブリーな若造ばかり大事にされて自分たちの居場所がない――『クラブ由美』ではお客さまにそんな思いをさせるような商売は絶対にしたくありませんでした。実際にそうした目先だけの商売をしていたお店は、後に訪れるバブル崩壊とともに銀座の街からことごとく姿を消していったのです。

当時は私のところにも浮かれた話や誘惑がいろいろと舞い込んできました。「お金ならいくらでも貸すからパリにも店を出さないか」「ニューヨークの高級マンションを買わないか」などと景気のいい話を持ちかけられたことも一度や二度ではありません。いい時代でしたから、その気になれば簡単にお金も借りられたでしょうし、海外出店もマンション購入も可能だったのかもしれません。

でも、そうしようとはまったく思いませんでした。人に借金してまで手を広げてどうするんだ。やっと自分のお店を持てたばかりの大事なときに、景気だけに流されて浮足立って分不相応なことをしても上手くいくはずがない——。そう考えたのです。

バブル時代の全盛期に自分の〝分〟を忘れて舞い上がってしまった人と、己を律して堅実な行動をとった人では、その後の人生にどれだけの差が生まれたことか。

どんなに好景気でも、お金を借りればそれは借金です。借りた以上は返さなければいけない。雇われママとして張り切っていたときに突然1500万円もの売掛金（つまり借金）を背負わされ、必死に返済したという厳しい経験があったからこそ、浮かれた時代に流されない冷静で慎重な判断ができたのだとも思っています。

「好事魔多し」といって、何事においてもいいときほど思わぬ落とし穴があるもの。

仕事が順調に進み、成果が上がって業績も好調になってチームにも個々人にも〝楽勝ムード〟が漂い始めると、どうしても安心感による気の緩みや無意識の過大評価などが生まれやすくなります。

こういうときが危ない。こういうときに落とし穴があるんですね。ですから好調なときにこそ、自らを律し、戒め、身を引き締めて、足元をすくわれないように気をつけなければならないのです。

調子がいいときこそ、身の丈を知って自分を見失わないこと。浮かれて〝イケイケ〟になっているときこそ、しっかり地に足を着けて慎重に行動すること。

瞬間風速的ではない息の長い成功を手に入れるには、好事魔多しの「魔」を遠ざけるための冷静で慎重な心の自己管理が重要なのですね。

由美ママのマイルール㉝

「誰かのせい、何かのせい」にしない

バブル景気で世の中が浮かれていた頃、何度か「お金を貸すから、もっと広くて大きな場所に店を移転しないか」と持ちかけられたことがあります。

今でこそ、ビルのワンフロア全体をお店にしていますが、当時はビルは同じですが、お店はフロアのなかの一室だけ。銀座のクラブとしては、30坪あまりと大きな店ではありませんでした（最初の店はもっと狭かったのですが）。

そんなときに「いい話でしょ」と出資の申し出をいただいたのですが、そうしたお話はすべてお断りしてきました。

分不相応なことはしたくないという思いもあったのですが、それに加えてもうひとつ、「本当の意味で、自分のお店でなくなってしまう」という不安もあったのです。

確かにお金を出してもらえればお店を大きくできますが、それでは「自分の店」「自分の城」ではなくなってしまいます。それでは、これまで『クラブ由美』を愛してくださった、贔屓にしてくださったお客さまに申し訳が立ちません。

お金を借りて経営するということは、ときには自分の意に沿わないやり方での商売もせざるを得なくなるということ。それでは意味がない。『クラブ由美』が、「私の『クラブ由美』」ではなくなってしまう。それだけは避けたかったのです。

私が名実ともに『クラブ由美』のオーナーであり続けるには、人の力を借りず、人のお金を借りず、あくまでも自分の力で、自分の責任においてやるしかない――。最初の場所に店を構えて以来、私はずっと、そう思い極めていたのです。

それに、「自分で蒔いた種は自分で刈り取る」という覚悟とプライドもありました。

そもそも私は「誰かのせい」にすることが大嫌いです。**自分が望んで自分が決断して自分が始めてやってきたことの責任は、やはり「自分」が取るべきだと思う**のです。

でも世の中には、自分が蒔いたのに自分で刈り取れない人、自己責任を放棄して平気な顔をしている人間も少なくないようです。

「この企画が失敗したのは、取引先の担当者の段取りが悪かったからだ」
「こんなに少ない予算なら、できなくて当然だろ」
「オレはマズいと思ったのに、アイツが『大丈夫』って言うから――」

仕事に限ったことではありませんが、自分にも問題があるのに、何だかんだと理由をつけて他者に責任転嫁し、責任逃れをしようとする「誰かのせいにする人」は、どの世界にもいるものです。

自分の責任を認めてしまえば、自分がマイナス評価され、不利益をこうむる。だから小狡く立ち回って、自分に向くはずの責任の矛先を誰かに向けようとするわけです。

誰かのせいにして責任転嫁するということは、当人は「自分に責任がある」ことを重々わかっているのです。にもかかわらず「あの人が悪い」「環境が悪い」「社会が悪い」と誰かのせいにして自分の正当性を主張するのは、「本当は自分が悪い」という自分の罪悪感をごまかそうとする行為でもあるのです。

もちろん、本当に相手に問題があった、環境が悪影響を及ぼした、想定外の不可抗力があったなど、「自分のせい」ではないのに上手くいかないケースもあるでしょう。

でも、たとえそうであっても「だから自分は悪くない」と関わりを放棄するのではなく、「自分にも何か問題がなかったか」という発想を持つ。

それは、**「自分が関わるものごとのすべての原因は、自分の内に存在する」**のだと考えるということ。ほかの誰かではなく自分のなかに原因を探して、失敗やミスを自分の糧にできる人が、成功へと近づくことができるのだと思います。

きれいな花が咲いても、蕾のまま枯れてしまっても、どちらも自分が蒔いた種が行き着いた結果。だから自分が責任を持って刈り取るのが当たり前。だからこそ、きれいな花を咲かせようと自分自身が努力して育てるのです。

すべてが自分の責任だから、花が咲けば大きな自信になるし、失敗しても反省や学びを得られる。だから、おもしろいのですね。

私も出資などの援助を受けずに、自分の身の丈に合った『クラブ由美』という畑に、自分の手で種を蒔き続けてきました。きれいに咲いた花はより美しく育て、花がつかなかった種は「なぜ咲かなかったか」を考えながら刈り取って新たな種を蒔いてきました。そうやって40年間、『クラブ由美』という「私のガーデン」を銀座で育ててきたのです。

誰かのせいにするのは簡単ですが、それでは自分は何も変わりません。他人のせいにばかりしていたら、自分の成功も夢の実現もすべて〝他人任せ〟になってしまいます。だから、誰かのせいにして生きるなかれ。自分の仕事は、自分の人生は、誰のものでもない、何のせいにもできない自分自身のものなのですから。

由美ママのマイルール㉞

感謝の気持ちを忘れない

誰かに何かをしてもらうことを「当然」と思って感謝しない――ときに人はこうした自分勝手な行動をしてしまうことがあります。

仕事を手伝ってくれたアルバイトの人に対して。
会社でコピーを取ってくれた部下に対して。
レストランで料理を運んできてくれた店員さんに対して。
お釣りを手渡してくれたレジ係に対して。
エレベーターで閉まりかけのドアを押さえてくれた人に対して。

それが仕事だから、相手のほうが立場も年齢も下だから、ドアの近くに立っているのだから、やって当然。やってもらうのが当たり前と思っているから感謝しないし、「感謝する必要がない」と考えてしまう――。

ビジネスや人生で成功を手にしたいのなら、こうした自分本位の考え方は今すぐに封印すべきでしょう。

身近な人たちに感謝の気持ちを持てるかどうかは、精神的な余裕があるかないかのバロメーターでもあります。多忙な日々や焦り、不安などのストレスで心に余裕がなくなっていると、小さな親切や気遣い、やさしさに気づきにくく、「ありがとう」の言葉が出てこないもの。それどころか些細な欠点や気に入らないことのほうにばかり目が向いて、何かにつけて文句や不満が口をついて出るようになってしまいます。

こうした余裕のないネガティブな思考や行動をとる人が、周囲からの信頼を得られるはずもありません。人がついてこない人が成功を手にできるはずもないのです。

逆に、周囲の好意に敏感になって感謝の気持ちを忘れずにいると、心にも余裕ができて、自分も誰かに親切や好意を示したくなるもの。「してもらった」感謝からは、「してあげたい」というやさしさが生まれてきます。

こうした親切や好意、やさしさのやりとりが信頼関係や人望につながり、仕事も人生も上手く回っていくのです。


ある調査では、男性で世代が上になるほど「ありがとう」を言う回数が少ないという結果が出ているそうです。50代の男性が言う「ありがとう」の平均回数は、10代男性の半分しかないのだとか。

年齢を重ねるほど感謝する気持ちが少なくなっていく——。よく言われる「老害」とか「キレる老人」といった現象には、こうしたことも関係しているのかもしれません。

私たち人間の脳は「喜怒哀楽」や「快不快」といった感情を伴う出来事を、より強く記憶しているといいます。

何でもない、ちょっとしたことだけど、「ありがとう」と感謝された——。こうした心がほっこりする経験は、嬉しい感情を伴う記憶としてずっと覚えているものです。

同じように、「こっちは客なんだから、してもらって当然」「それが仕事なんだから、お礼など必要ない」と尊大な態度をとられる――。こうした経験も、そのときに感じた「ムカ」「イラ」「カチン」というネガティブ感情とともに記憶に残ってしまうのです。
ほっこりする嬉しい記憶を残してくれる人と、ザラッとしたネガティブ感情だけを置いていく人。その評価には格段の差がつくのは言うまでもありませんよね。

日常の些細な出来事のなかで生まれる感謝の気持ちを大事にしている人、そしてその気持ちをきちんと「ありがとう」という言葉にできる人こそが、真の成功者になれるのだと、私は思っています。

「目標とする人」から学ぶ

みなさんには、仕事や人生において「自分の目標にできる人」がいますか。

夢の実現や目標の達成を目指すときに、自分が思い描く成功を現実的に経験している「目標となる人、憧れの人＝ロールモデル」がいると、チャレンジへのモチベーションも格段にアップするものです。

私にも目標としてきた人がいました。その人は名門クラブ『くらぶ宮田』の大沢汎子ママ、私の銀座人生の恩師です。

18歳で単身銀座に出た私は、当初は『紅い花』で働いていたのですが、3カ月ほどで同じビルにある『くらぶ宮田』に移ることになりました。そのときに私を引き抜いてくださったのがチーママをしていた汎子ママだったのです。

当時、入店したたばかりの『紅い花』で奮闘していた私は、お客さまから少しずつご指名をいただき、ご贔屓いただけるようになっていました。そんな私の姿を目にした汎子ママが、「どうしてもウチの店にあの子が欲しい」と言ってくださったのです。

ただ、夜のクラブも義理や仁義の世界。他店からホステスを引き抜くのには果たさなければいけない〝筋〟があります。そのため当時、私の引き抜きを巡っては、両方のお店同士でちょっとした騒動になってしまいました。

最終的に、汎子ママが独立して『くらぶ宮田』を離れて自分の店を持ち、私はそこについていくという形で筋を通して決着しました。

汎子ママは、業界の事情もよく理解していなかった私にずっと目をかけてくださり、名門クラブを離れてまで私を引き抜いてくださったのです。

粗削りだけれど、この子は磨けばもっと輝ける原石。私が手元に置いて、銀座のクラブのママとして一人前に育てたい——口にこそ出しませんでしたが、汎子ママはそう考えてくださっていたのだと思います。

独立した汎子ママのお店で働くことになった私は、クラブのママという仕事の厳しさや喜び、銀座のクラブで働くことの誇りや矜持などを、徹底的に教えられました。「ああしなさい」「こうしなさい」と言葉で言われることもありましたが、それ以上に汎子ママ自身の仕事に対する姿勢から多くのことを学んだのです。

例えば早起き。私は毎日、朝早く起きてブログの更新をしています。「銀座のママが早起きとは珍しい」とよく言われるのですが、これも汎子ママ譲りです。

汎子ママも朝が早い人でした。毎朝九時前には起きて、お客さまに電話をすることを日課にしていたのです。「クラブのような夜遅い仕事をしている人から朝一番で電話がかかってくると、みんな驚いて出てくれるのよ」と汎子ママ。

当時は、スマホはおろか携帯電話もメールもない時代。当然、自宅になど電話できませんから、営業の電話は会社にかけることになります。それでも、なかなか電話に出てもらえない。

でも、ほかのお店の子たちみんなが電話をするような夕方の時間帯では、お客さまが外出してしまうことも多い上、話せたとしても大勢のなかのひとりになって埋もれてしまいます。

ならば、「朝一番」というインパクトのある時間にかけて覚えていただこう——。そう考えての行動だったと思うのです。

毎晩、時間もお酒も深くなる仕事ですから、朝、眠くないはずがないし、体もきついでしょう。でも汎子ママは雨の日も風の日も雪の日も、必ず朝一番の電話を欠かしませんでした。

「銀座にはクラブも多いし、ママやホステスも大勢いるでしょ。だから、よほどお客さまの印象に残らなければ覚えていただけない。一度ご来店いただけても、『どこのユミちゃんか、どの店のヒロコちゃんか覚えていない』では次に続かないのよ。でもそこで、お客さまの印象や記憶に残るような〝何か〟があれば、その他大勢から『あの店の○○ちゃん』になれるの」

汎子ママから朝の電話を欠かさない理由を聞いたときには、「華やかなイメージの裏側で、コツコツと地道な努力を続けてこそ、この仕事は成り立つんだ。自分のお店を守ることができるんだ」「ただ色気を売るだけではない、堅実な営業努力と経営意識を持つことが大事なんだ」と、深く感銘を受けたものです。

8カ月という短い間でしたが、汎子ママから〝クラブのママのあるべき姿〟を学んだ後、諸事情あって『くらぶ宮田』に戻った私は、19歳で名門クラブの〝ナンバーワン〟のホステスになれ、4年後の23歳のときに『クラブ由美』を開いてオーナーママになりました。そしてそこから40年間、汎子ママの教えを胸に、全力で自分の店を守ってきました。

今でもときどき思うことがあります。私は汎子ママの背中に追いつけたのだろうか。その背中を超えられたのだろうか、と。

ママこそ天職――私がそう考えるに至った背景にはやはり、クラブのママとしての矜持を厳しくやさしく教えてくださった汎子ママの存在があるのです。

最近、お店に入った「由美ママに憧れて、由美ママのような銀座のママになりたい」という20歳の女の子がいます。まだまだホステスとしても未熟なのですが、夢への強い思いは昔の私を見ているようでもあります。汎子ママの背中から学んだ私が、今度は自分の仕事への姿勢で若い子に学びを与える番になっている。今はその嬉しさと、責任の重さとを同時に感じているのです。

俳人の松尾芭蕉が門人に贈った「古人の跡を求めず、古人の求めたる所を求めよ」という言葉があります。**「偉大な先人のやり方を真似るだけではなく、その先人が何を理想としていたのか、何を目指していたのかを理解し、見極め、そこに向かう努力をしなさい」**という意味だそうです。

みなさんも仕事や人生で「目標とする憧れの人」をぜひ見つけてください。そしてその人のスキルやテクニックだけでなく、仕事に対する姿勢や意識なども大いに学んでください。その学びはきっと成功を後押ししてくれるはずです。

由美ママのマイルール㊱

約束の時間を守る

待ち合わせに必ず遅れてくる人、みなさんの周りにいませんか。もちろん、やむを得ない理由や情状酌量の余地がある事情の場合なら仕方ありません。でも世の中には「遅れることがクセになっている」「遅れてもかまわない」、さらに「遅れて登場したほうがカッコいい」など、社会人としての資質を疑うような人もいるので困ってしまいます。

約束の時間を守る。時間どおりに来る。むしろ約束の時間よりも早めに到着している。そうした行動は仕事の成功とか夢の実現以前に、社会人として当たり前のことです。

「たかだか5分や10分、いいじゃないか」――彼らはそう言うかもしれません。確かに10分くらい遅れたところで命まで取られるなどということはほぼないはず。待たされた側もその程度なら声高に責めることもしないでしょう。

でも、事の本質はそこではありません。なぜなら時間は有限だからです。どんな境遇であろうとどんな環境にいようと、すべての人にとって1日は24時間しかありません。こればかりはどれだけお金があろうと、自分の都合で増やしたり減らしたりすることができません。

約束の時間に遅れるのは、待っている人の限られた時間を奪っているのと同じこと。相手の時間を「待つこと」だけに消費させることになるのです。自分が誰かを待たせている間に、その人たちは〝別の有意義なこと〟ができていたかもしれません。でも、その時間はもう戻ってこないのです。

「遅刻はしない。約束の時間は守る。それは信用に関わるだけでなく、相手の時間を大切に考えるということでもあるんだよ」――これは経営者として大きな成功をおさめているお客さまの言葉です。

スマホやSNSが身近になった現代は、いつでもどこでも、事故で止まった電車の中からでも連絡が取れる時代です。持ち合わせに遅れそうになっても、「5分遅れる」「あと10分で着くから」と状況をリアルタイムに伝えられるため、「約束の時間に遅れること」自体、あまり気にしなくなっているようにも思えます。

でも、「連絡がつくから遅刻しても平気」ということではないと思うのです。遅れそうになったら連絡を入れるのは当たり前のこと。どんなに便利になろうが、やはり「遅れない」という意識が大前提にあるべきです。すぐに連絡がつく便利さが「遅刻してもいい」という免罪符にはならないのです。

「5分や10分待たせてもいいや」と考える人は、スマホがあろうが連絡がつこうが、いつも遅れてきます。「時間どおりに行かなきゃ」「待たせたら申し訳ない」と考える人はどんな待ち合わせでも時間どおりに来ます。結局、時間を守る人のほうが、いつだって待たされることになる。こんな〝理不尽〟はありませんよね。

「遅刻に怒るような人は能力値が低い」――ある実業家の発言がネット上で話題になり、物議を醸しました。遅れの取り戻し方を考えるべきで怒ってもしょうがない、優秀な人は忙しいから遅刻やリスケ（リスケジュール）は当たり前、なのだそうです。考え方は人それぞれでいいのですが、私などはやはり違和感を覚えてしまいます。

少々の遅刻なんて大した迷惑じゃない——そうかもしれません。でも時間に遅れることは、結果として「迷惑をかけたかどうか」ではなく、「時間を奪っている」という行為そのものに問題があると考えるべきでしょう。

もっと言えば、いつも時間に遅れるのは「あの人なら待たせてもいい」「あの人の時間なら犠牲にしても平気」という相手を軽んじる非常に失礼な行為だと思うのです。

優秀な人、仕事がデキる人は、ビジネスの現場での遅刻が自分の首を絞めるということを知っています。

例えば、商談の時間に遅刻して先方を待たせてしまったとしましょう。するとその商談は、遅れた側の「お待たせしてすみませんでした」という謝罪から始まることになります。もうこの段階で、先方が優位な状況での商談になってしまう。のっけから対等ではない交渉になってしまうでしょう。

「何を大げさな。５分や10分の遅刻で仕事に影響なんてない」——時間の長さだけを見れば、そうかもしれません。

でもビジネスにおいて重視されるのは利益やメリットだけではありません。それ以前に、「安心して取引できるかどうか」という信用が重要になります。大事な集まりの場に遅刻するようでは、ハンディキャップどころか最初からビジネスへの参加権を失ってしまうこともあるのです。

時間を守る人は、有限である時間の大切さを知っている人です。だから自分の時間も、相手の時間も、同じように大事にできます。

時間を守る人は、相手への敬意を忘れない人です。だから相手の貴重な時間を粗末に扱うような行為を決してしません。

いつも時間に正確な人といつも時間に遅れてくる人。どちらが成功に近くて、どちらが成功から遠ざかるか、考えてみてください。

由美ママのマイルール㊲

言行一致という誠実さを持つ

銀座で『クラブ由美』を開いて40年、これまでに数多くの成功している経営者にお目にかかってきました。それぞれに独自の経営スタイルや理念、信念はありますが、共通しているのが「誠実さ」を備えていらっしゃることです。

私が思う「成功のための誠実さ」とは、約束を守る、嘘がない、裏切りがないといった意味合いです。それは言葉を変えれば「言行一致」ということ。つまり「言ったことと行動が一致していて、言動に一貫性がある」という姿勢とも言えるでしょう。

「その仕事は私がやります」と言って引き受けたら、最後までやり終える。
「○日までに提出する」と約束したら、その期日を守る。
「○時に行くよ」と約束したら、その時間に遅れない。

「勉強して資格を取る」と宣言したら、そのためにちゃんと努力する。
「今日からダイエットする」と決めたら、先延ばしせず今日から始める。

言行一致とは「自分の言ったことに責任を持つ」という、人としての基本でもあるのです。

その逆が「言行不一致」です。「やるよ、やりますよ」と言っておきながら何もしない、いわゆる「やるやる詐欺」と呼ばれるパターンです。

言っていることとやっていることが違う。やると約束したのにやらないのは、嘘をついたことにもなり、約束した相手を裏切ることにもなる。何しろ「詐欺」ですから、まさに誠実さとは真逆の行動になります。

また、「説明責任を果たすと言いながら、肝心なときに口をつぐんで何も説明しない」とか、「選挙で立派なマニフェストを掲げながら、当選したら反故にする」とか、「コロナ感染対策で会食の自粛を呼びかけておきながら、自らは会食に参加する」とか。

――こうした〝お上〟のやっていることも「不誠実な言行不一致」と言えるでしょう。

口でいくら立派で殊勝なことを言っても、そこに行動が伴わなければ周囲からの信頼は得られないのです。

言行を一致させ、何事にも誠実さを持って臨むことは、周囲の人たちに対してだけでなく、「自分自身に嘘をつかない」ことでもあります。

言いっ放しで約束を守らなかったり、嘘をついてごまかしたりしていると、人は誰でも罪悪感や後ろめたさを覚えるものです。その感情は、自分のなかにある自信ややる気、情熱や向上心などをスポイルしてしまいます。

言行一致という誠実さとは、「やる」と決めたら「やる」こと。発言をきちんと行動に移すという嘘のない姿勢です。自分の言葉を自分で裏切らないように、真剣に、ひたむきに、ブレずに「やる」ことです。

やったことが「できるか、できないか」はその後の話。言いっ放しでチャレンジしないことこそが〝不誠実〟であり、信頼を失う行動なのです。

ちなみに言ったことを誠実に実行に移し、最終的に実現にまで到達できれば、それが「有言実行」になります。

由美ママのマイルール㊳

ネガティブな人間関係とは距離を置く

社会生活をしている以上、ビジネスでも人生でも、常について回るのが人間関係です。長いお付き合いを続けたい得難い良縁で結びついている人もいれば、その逆で、接するとモヤモヤするような、できるだけ関わりたくない困った人もいるでしょう。

ただ、関係性に不満があってストレスを感じていても、そう簡単に断ち切れないのが人間関係の難しいところでもあります。

しかしながら〝関わりたくない人〟との関係から受ける悪影響が、自分の成功や夢の実現の足枷になってしまうことも往々にしてあります。ですから、そうした自分にとってマイナスになる人との関係はできる限り避けるのが得策でしょう。

どんな人がマイナスの影響を及ぼして、どういう人が〝毒〟になるのかは、人それぞれだと思いますが、すべての人にとって共通する「距離を置くべきタイプ」のサンプルをひとつ挙げるとしたら、やはり「悪口やネガティブな発言が多い人」でしょうか。

人の悪口は蜜の味なのか、悪口好きで集まってつまらない仲間意識を感じたいのか、何かと人をバカにしたり、悪口・陰口ばかり言い募ってくる人は、断捨離で断ち切りたいタイプのナンバーワンと言えます。

誰かを否定したり貶《おとし》めたり、欠点をあげつらったりして喜ぶような人と一緒にいても、こちらの運気が下がるだけです。

同様に、否定的だったりネガティブなことしか言わない人との関係にも気をつけたほうがいいでしょう。なぜなら、こちらにそのつもりがなくても流されてしまうからです。

感情や思考というのは伝播しやすいもの。**ネガティブ思考は、とくに周囲に伝播・感染しやすい**のです。どんなに前向きでポジティブな人でも、ネガティブな人とずっと一緒にいると徐々にネガティブになってくるもの。ネガティブはポジティブを〝凌駕〟するのですね。

例えば、会社の愚痴ばかり言っている人の周囲には、見事に同じように愚痴しか言わない人が集まってくるもの。**逆に「こういう仕事をやってみたい」「新しい企画に挑戦しよう」と、絶えずポジティブに考えている人の周りには、やはり前向きな人が集まってきます。**その人間関係のなかで働いていると、数年後には仕事のクオリティに天と地ほどの差がついてしまうのです。

ですから〝君子危きに近寄らず〟でネガティブ思考の持ち主とはできる限り距離を置くほうがいい。無理して付き合って、自らネガティブに染まりに行く必要はありません。

とはいえ「もう二度と会わなくて結構」とばかり正面切ってスパッと100%、シャットアウトできる相手ばかりではないでしょう。それに、あからさまに避けるような態度をとってしまうと不要な対立や衝突に発展してしまう恐れもあります。

それでも、意識的に距離を置いて接触の頻度を少なくし、会話をする機会があっても深入りせずに〝淡くて消極的〟な付き合いに変えていくことはできるはずです。

成功を手にするには、勇気を持って人間関係の〝断捨離〟をすることも必要なのです。

また、そのためには「自分がポジティブ思考でいること」が大前提です。自分自身がネガティブ思考になると、結局、ネガティブな人間関係ばかりを引き寄せることになってしまいます。ポジティブな人間関係に身を置くためには、周囲のポジティブな人たちから「断捨離されない」ことも重要なのですね。

情報を見極めるリテラシーは必須

２０１９年12月に発生が確認されて以降、世界中に感染が拡大し、現在に至っている新型コロナウイルスの感染症。その感染拡大防止対策によって、私たちの生活は大きく様変わりしてしまいました。学校は臨時休校になり、企業はテレワークや時差出勤を推奨。飲食業は営業自粛や時短営業を要請されるなど、行動制限によって当たり前だった日常が当たり前でなくなってしまう事態が続きました。

最近でこそ行動制限が解除されましたが、今後も変異株の出現など不安要素も多く、世の中はいまだコロナ禍の延長上にあると言っていいでしょう。

今回のコロナ禍で改めて痛感したのが、「正しく恐れる」ことの難しさでした。感染に関するニュースが連日メディアで報じられるなか、ネットやＳＮＳに飛び交ったデマや根拠のない情報が、私たちの日常生活に大きな混乱を引き起こしました。

例えば、感染拡大初期に広く見られたマスクやトイレットペーパーの買い占めです。「中国から原材料が輸入されなくなり、トイレットペーパーが品薄になる」といった流言に反応した人たちがスーパーやドラッグストアに殺到し、またたく間にトイレットペーパーはどこもかしこも品切れ状態に。そうした光景をテレビのニュースやワイドショーで見た人たちが、不安にかられてさらに買い占めに走る——。流言飛語による混乱は、こうやって起きるのだと思い知らされたものです。

日本ではありませんが、イランでは「度数の高いアルコールを飲むと体内の新型コロナウイルスが死滅する」というデマが原因で、何百人ものメタノール中毒による死亡者が出たというショッキングなニュースもありました。

また少し前の話になりますが、２０１６年に熊本地震が発生した際、ＳＮＳに「動物園からライオンが逃げた」という写真付きの投稿が拡散されて大騒ぎになり、動物園や警察に問い合わせが殺到した事件もありました。多くの人がその情報に〝踊らされた〟挙げ句、投稿は無関係のライオンの写真を使った悪ふざけだったことが判明。投稿した会社員は偽計業務妨害の疑いで逮捕されたと記憶しています。

　こうしたデマやフェイクニュースによる騒動はほかにも数多く起きています。今やSNSやブログなどで、誰もが自由に情報発信できる時代です。ただ、だからこそ忘れてはいけないのは、「インターネット上の情報がすべて正しいとは限らない」ということなのです。

　何の精査もされず、事実関係の裏付け検証などもなされないまま個人レベルで発信される膨大な〝玉石混交〟の情報に囲まれている時代では、いかにしてそれが「玉」なのか「石」なのかを見極め、正しい情報を識別して適切な判断をする能力、いわゆる「メディア・リテラシー」がとても大事になってくるのです。

　必要な情報はインターネットですぐ手に入るという便利な時代になったからこそ、情報の海で溺れない冷静な〝目〟を持つべきなのです。

　もちろん、ビジネスにおいてもメディア・リテラシーは不可欠なスキルとなるでしょう。フェイクニュースなどの誤った情報を鵜呑みにして振り回されてしまうと、思いがけないトラブルや、大きな損失の発生につながりかねません。

今は企業でもブログやＳＮＳを活用した情報発信が広く行われています。そうした際にも投稿の文章表現や画像には細心の注意を払う必要があります。そこでリテラシーが欠如していると「炎上」などのトラブルを招くリスクが高まってしまうでしょう。

私も毎日ブログやＩｎｓｔａｇｒａｍ、Ｔｗｉｔｔｅｒを更新していますが、「誰かを傷つけたり、偏りがある表現になっていないか」「確証や根拠がある情報か」などは常に気をつけてチェックし、推敲を欠かしません。写真にしても、肖像権の侵害や個人情報の流出には十分に気をつけているつもりです。

ネット上には、悪意のあるなしに関わらず不確定な情報や根拠のない情報が蔓延しているという危機意識を持つこと。そして、受け取るときも、自分から発信するときも、常に冷静さや慎重さを持って情報の真偽を見極めること。それが、これからの時代のビジネスで失敗しないために必須のセーフティーネットになるのだと思います。

由美ママのマイルール㊵

謙虚に教えを請う姿勢が成功を呼ぶ

ビジネスで成功するためにもっとも必要とされる資質とは何だと思いますか。

知識の広さ、ビジネススキルの高さ、際立つ個性――こうしたことも確かに大事ではありますが、それ以前の「人としての資質」として挙げられるのは、何よりも「謙虚さ」なのではないかと、私は考えています。

ここでの謙虚さとは「単なる低姿勢」「ただ腰が低い」ではなく**「肩書や年齢に関係なくすべての人の声に耳を傾け、誰にでも教えを請うことができる姿勢」**のことです。

「社長だ、部長だ、局長だといったって、人として偉いわけじゃない。肩書なんてものは、社内での役割分担と責任度合の序列に過ぎないんだよ」

「自分が知らないことを知っている人は、誰だって〝先生〟だ。こっちは学ばせてもらう立場なんだから、たとえ相手が小さな子どもでも『教えてください』って頭を下げるんだよ」

――そうおっしゃったのは、会社経営をされている、あるご高齢のお客さまでした。地位や財産を手に入れても、年齢を重ねても「知らないことを学ぼうとする」そして「人に頭を下げて教えを請う」姿勢に、謙虚であることの大切さを学ばせていただいたことを覚えています。

『論語』の一節に「下問を恥じず」という言葉があります。下問とは「自分より立場や地位、年齢の低い人にものを尋ねる」こと。つまり「知らないことやわからないことがあれば、立場や年齢が下の相手でも素直に、謙虚に教えを請いなさい」という教えなのです。

パソコンの使い方やスマホの設定がわからない、流行に疎くて最近話題になっていることがわからない――。仕事をしていると、部下や後輩、若い人が知っていることを自分が知らないといった状況になることも珍しいことではありません。

そんなとき、とくに仕事でのキャリアも実績がある人ほど、「人に聞く、教えを請う」ことに対して、二の足を踏んでしまうもの。「若いやつに教えてもらうなんて」というメンツや、「今更こんなことを聞くのはプライドが許さない」といった自尊心が邪魔をして、素直に「教えてくれ」と言えなくなってしまうものです。

でも、わからないことを「教えて」と聞くのも、知らないことを学ぼうとするのも、決して恥ずかしいことではありません。日本にも「聞くは一時の恥、聞かざるは一生の恥」ということわざがあるように、**「知らないこと」が恥ずかしいのではなく、プライドに縛られて「知ろうとしない」「謙虚になって学べない」ことが恥ずかしいと心得るべき**でしょう。大切なのは誰からでも学ぼうという姿勢、そして誰に対しても素直に教えを請うことができる謙虚さなのです。

中国の古典にある「ただ謙のみ福を受く（人は謙虚にして初めて幸福を受けることが

できる）」という言葉を引用して謙虚さの重要性を説いたのは、京セラや第二電電（現ＫＤＤＩ）の創業者で、ＪＡＬの再建も担った経営者の稲盛和夫さんです。

高い地位についたり、年齢を重ねたりすると、人はついプライドにまみれて慢心してしまうことがあります。それゆえ、意識して謙虚さを忘れないことが大事なのですね。日本を代表する経営者が心に刻んでいた「謙虚であることの大切さ」こそ、仕事で、人生で、成功するための人としての在り方なのだと思うのです。

第5章

愛し、愛される

――由美ママ流「選ばれるおもてなし」の極意

由美ママのマイルール㊶

いつ行っても「必ずいる」

信頼できる人間関係のポイントは〝当てにしていただけるかどうか〟にあります。私たちのような接客の仕事に携わる者はとくにそう。お客さまに当てにしていただき、その気持ちにお応えする。それがプロとしての務めだと私は思うのです。

『クラブ由美』の開店から40年間、私がその「プロとしての務め」として自分に課してきたあるルールがあります。

それは「店を休まない」こと、そして「必ずお店にいる」ことです。

お客さまがせっかく「今から大丈夫？」と連絡をくださったのに、臨時休業だった、私がいなかった、贔屓にしている女の子がいなかった、では、その方をがっかりさせてしまいます。連れの方がいらっしゃったら、そのお客さまの顔をつぶしてしまうことにもなりかねません。

身内に不幸があって遠方での葬儀に出席し、そのまま東京にとんぼ返りして定時にお店を開けたこともありました。また、引き受ける講演も日帰りが条件です。

「開いててよかった」――初期のセブン-イレブンのテレビＣＭに使われたキャッチフレーズです。覚えている人も多いでしょう。いつ行っても店が開いている（営業している）というコンビニならではの利便性を伝えるシンプルかつ秀逸なフレーズだと思います。

でも実は、そこにはもうひとつ、「夜中でも、いつでも明かりがついている店舗がもたらす安心感」という意味合いも含まれているのだとか。たとえ買い物をしなくても、そこにあって営業していること自体がサービスだということなのです。

いつでも必ずそこにいる。いつでも変わらずそこにある。その安心感こそが、お店とお客さまとの関係性、あるいは企業と顧客との距離をぐんと縮めるカギになるのですね。

それに私は生来、何事も人任せにできない性格です。自分の店を持ちたいと考えてオーナーママになったのも人任せにせず、自分でやりたいからです。

自分が雇われママになるのも嫌、誰かママを雇って店を任せるのも嫌。私自身が現場に出て切り盛りしてこそ「私の店」であり、それが「私の店」をご贔屓にしてくださるお客さまに対する責任でもあると考えているのです。

お店をシステム化・分業化して、人を雇って現場を任せ、自分は経営に専念することで、効率的に利益を上げようという考え方もあります。それも経営方法のひとつには違いありません。

でも私にはそうしたやり方は無理なのです。その発想が出てきた時点で、お店やお店に通ってくださるお客さまへの愛情がなくなってしまうと思えてしまう。

だから、常に自らが第一線に立ってお店を切り盛りし、お客さまをおもてなしし、女の子たちを育てる。自分自身がお店で〝人〟の輪に飛び込んでいく。それが私の思い描くクラブのママの本質だと信じています。だから私は、いつも〝現場〟にいます。いつでもお店にいたいのです。

『クラブ由美』は、ただ女性がお酒を提供するだけの飲食店ではありません。むしろ扱っているのは、伊藤由美というママと『クラブ由美』という場所でなければご提供できないステータスや特別な人的交流といった〝形のない商品〟です。

そしてお客さまは、その決して安価ではない形なき商品のためにお店に足を運んでくださいます。だからこそ、お客さまのご期待を裏切るわけにはいかない。だからこそ「いつ行っても必ず私がいる」ことが大事なのです。私はそう考え、「休まない」というおもてなしを40年間続けてきました。

平日ならほぼ間違いなく『クラブ由美』は営業している、『クラブ由美』に行けば、いつでも必ず由美ママが迎えてくれる。お客さまに「当てが外れたな」と思わせない。

接客をする以前の、ご来店いただくもっと前段階のことなのですが、実はここにこそサービスやおもてなしの基本がある。私はそう信じているのです。

由美ママのマイルール㊷

自分磨きで「一期一会」を実らせる

３回目にご来店いただけるかが勝負――これは銀座のクラブに限らず、すべての飲食業や接客業に共通する〝真理〟だと私は思っています。

新規のお客さまに満足していただくことは言うに及ばずですが、さらに大事なのはその１回きりではなく、再度足を運んでいただくこと。「また来たい」と思っていただき、次の来店につなげていくことです。

そして、新規のお客さまにリピーターになっていただけるか、いただけないか。そのひとつの基準となるのが、「３回目の来店の有無」なのです。

私の店では大勢の女の子が働いていますが、新規のお客さまを担当したとき、そこで気に入られて次回以降もずっと指名していただける子もいれば、最初の１、２回きりで、なかなか３回目につながらない子もいます。

その違いはどこにあると思われますか。

こうした仕事ですから、当然、女の子のルックスが大きなポイントになることは間違いありません。アイドルのようなかわいらしさ、モデルのような美しさは、それだけで強力な武器を持ち合わせていると言えます。

やっぱりね、と思う方もいるでしょう。でも、そんなルックスのいい子でも、「３回目」を勝ち取れないのが、こうした仕事の難しいところなのです。見た目がきれい、顔がかわいい――それは確かに武器ですが、でも、それだけではダメなのです。

銀座のクラブで働く私たちの仕事は、お酒や会話での接客を通じて、お客さまとコミュニケーションを図り、楽しい時間を過ごしていただくことです。

そうした場でお相手を務める女の子にもっとも必要とされるのは、見た目の麗しさ以上に、お客さまの話をきちんとお聞きできること、そのお話を広げ、膨らませるような対応ができることです。そして、お客さまと興味関心を共有できるような話題をこちらから提供できることなのです。

ルックスやノリのよさもあるに越したことはありません。でもそれはあくまでも副次的な要素。キャバクラやガールズバーならいざ知らず、銀座のクラブで求められるのは、何よりもまず知性や教養、品性といったもの、つまり女の子の〝中身〟です。

いくら外見がよくても中身が伴わなければ〝メッキ〟はすぐにはがれてしまいます。「かわいいけど、話をしてもつまらない」と思われたら次はないのがこの世界。ルックスがいいだけでは2回目はあっても、3回目はありません。だからこそ銀座のクラブで働く女の子には、外見以上に中身を磨くこと＝知性や教養を身につけることが求められます。

今の時代、美容院やエステ、場合によっては美容整形などで外見はいくらでも磨くことができます。でも中身はそうはいきません。うわべだけ取り繕った付け焼き刃の知識はすぐに見透かされてしまいます。

中身を磨くには本を読んだり、映画を見たり、新聞やニュースをチェックする。常にアンテナを張って世の中のさまざまな出来事に広く関心を持つ――そうした毎日の積み重ねが不可欠なのです。

こうした意識の大切さは、どんな仕事に携わる人にもあてはまるはずです。

よく「お客さまとの出会いは一期一会」と言います。出会いを〝一会〟だけで終わらせず、３回、４回と続いていく〝ご縁〟に育てるためにはどうすればいいのか。

大切なのは、自分がお客さまときちんと向き合うこと。そして同時に、お客さまにも「自分」というひとりの人間に向き合っていただくことだと、私は考えます。そのためにも、まず自分自身を高める努力を惜しんではいけないのです。

「あの人と会いたい」「あの人と話したい」

お客さまにそう思っていただくために、常に自分の中身を磨く。お客さまに自分を選んでいただくために、一期一会の出会いを実らせる努力をする。

おもてなしの極意とは、ここにあるのではないでしょうか。

「one of them」ではなく「only one」の気持ちで

おもてなしの基本は、お客さまと1対1でしっかりと向き合うことです。

例えば学校の教室は、数的に「ひとりの先生対大勢の生徒」という構造になっています。担任の先生が受け持つ生徒は大勢いるけれど、生徒たちにとって担任の先生はひとりだけです。お医者さんも同様で、「医師はひとりで大勢の患者を診るけれど、診てもらう患者にとって医師はひとり」になります。

ここで大事なのは、先生は生徒を、お医者さんは患者さんを、「大勢のなかのひとり」と考えるのではなく「ひとりの個」として向き合うことなのです。

大人数を相手にする場でも、大人数と接する仕事のなかでも、一人ひとりの個を尊重し、双方向のやりとりを意識しながら、常に「1対1」のつもりで応対する。これが「人と接する仕事や立場の人」が胸に刻むべき基本姿勢なのです。

アイドルだってそうです。「アイドルには応援してくれるファンが大勢いるけれど、個々のファンにとって応援する対象はその子ひとり」です。

某坂道系アイドルグループが大人気になったのも、ファンにとって「直接会えて、話もできる」握手会という、「対大勢の集団」ではなく「対一個人」としてアイドルと向き合える場があったことが大きなポイントだったのだと思います。

その姿勢は私たちのような接客の仕事をする者にも当然、あてはまります。『クラブ由美』にも数多くのお客さまが来店されますが、誰ひとりとして「大勢のなかのひとり」ではありません。**すべての方がそれぞれに「たったひとりの大切で特別なお客さま」です。どなたもが「one of them」ではなく「only one」なのです。**

元来、お客さまは「自分にどれだけ気を配ってくれているか」を気にされるもの。クラブのような店ならばなおさらでしょう。

ですから、どんなときでも「まるでそのお客さましかいない」という気持ちで、心を込めて真剣に向き合う。そうすることでお客さまは心地よく満足され、またお店に足を運んでくださるでしょう。これこそが真のおもてなしだと思うのです。

お客さまを大切にするとは、つまり、お客さま一人ひとりとの結びつきを大切にすること、お店で生まれた人間関係を大切にすることです。それには常にお客さまの側に立って、お客さまの気持ちを想像し、思いやる意識が欠かせません。

私たちがもしお客さまの立場だったらどんな気持ちになるか。自分が長く応援してきたお店で〝その他大勢〟のような扱いを受けたらどう感じるか――そう考えて接することが大切なのです。

『クラブ由美』にとって、いえ接客という仕事に携わっている者にとって、お客さまとは、ただお金を落としてくれる、ただ売り上げをもたらしてくれるだけの存在ではありません。

『クラブ由美』のお客さまならば、みなさんこのお店を、お店の女の子たちを、そしてママである私という人間を応援してくださる〝大切で特別な人〟なのです。

この気持ちを忘れずに、たとえ何十人、何百人のお客さまがお見えになっても、おひとりおひとりと「１対１」で向き合い、きめ細かなおもてなしをする。そうやって築かれた極上の心地よさや癒しの空間で、心置きなく社交や語らいの時間を楽しんでいただく。

これが今までの40年間貫いてきた、そしてこれから先も変わることのない『クラブ由美』のおもてなしスタイルなのです。

由美ママのマイルール㊹

おもてなしは〝品性〟が命

あからさまな女の色気を武器にしない――これは『クラブ由美』を開業して以来、私がずっと心がけてきたことです。そして〝下ネタ禁止〟も当初からのルールです。ですから、女性が接客をする夜のクラブでありながらこうした考え方で営業している店は珍しいなどとよく言われています。でも、そうした〝健全さ〟こそが、多くのお客さまにご贔屓にしていただける『クラブ由美』の個性だと思っているのです。

夜のクラブが〝健全さ〟を大事にするなんておかしいと思われるかもしれません。でも、そんなことはありません。なぜなら私は常々、『クラブ由美』は「大人が心底安らげる夜のオアシスでありたい」と考えているからです。

男性のお客さまならば、たとえ仕事であろうと「女の子が着く」ようなお店に飲みに行くとなると、多少なりとも奥さまの顔が脳裏にチラつくことだってあるでしょう。隠さなければいけないような〝悪さ〟をしようなどという気持ちは微塵もなくても、どこかしら後ろめたさを感じてしまう──誠実な方ほどそういうものではないでしょうか。だとするならば、あからさまな女性の色気ばかりが満ちあふれているような空間では、心からリラックスできないということもあるでしょう。

もちろん、『クラブ由美』でも女の子による接客は大切なおもてなしのひとつ。銀座のクラブで働く女性はお客さまが見る夢のドラマを彩る〝女優〟なのですから、そこにひと匙《さじ》の楽しいドキドキ感を提供することも私たちの仕事だと思っています。

ただし、そこには〝品性〟がなくてはいけません。私があからさまな色気や下ネタをよしとしないのは、そこに品性が欠如しているからにほかなりません。

私も女の子も、そしてお客さまも品位を保ちながら、私たちはひと時の夢の舞台を提供し、お客さまには楽しんでいただく。これが、私がお店で大事にしている〝健全さ〟なのです。

そうしたこだわりがあるからでしょうか、「由美ママや『クラブ由美』なら、女房に堂々と紹介できる」と、お客さまから奥さまをご紹介していただく機会が少なくありません。「今夜も、『由美ママのところなら、どうぞ行ってらっしゃい』って送り出されてきた」「ウチの妻が『由美ママによろしく』と言ってたよ」

などと言っていただけることもあります。お客さまの奥さまに〝公認〟をいただける――これは私にとって何より嬉しく、ありがたいことなのです。

銀座のクラブで働く女性としての品性を持つこと。その品位ある振る舞いで、家族にさえ紹介できるくらいの安心感をお客さまに与えて差し上げること。それは、私たちにとって大切なおもてなしであり、私たち自身が守るべきプライドでもあるのです。

若さやスタイルのよさ、下世話な言い方をすれば〝見持ちの軽さ〟があるほど〝高値〟がつくというシステムのお店もあるようです。そういうサービスを楽しみたい方は、そちらに行っていただければいい。いい悪いではなく、それがこの世界における〝すみ分け〟というもの。

ですから私は、『クラブ由美』は、女を売るのでも色気を売るのでもなく、「品性でおもてなしをする」という姿勢とプライドを貫いているのです。

由美ママのマイルール㊺

おもてなしの原点は「さりげない先回り」

昔から「終わりよければすべてよし」というように、私たちの仕事では、お客さまがお帰りになるときのお見送り、この世界で言うところの〝送り〟はとても重要です。ここでいかにお客さまに気持ちよく帰途についていただけるか、「また来たい」と思っていただけるかが、とても大切になるのです。

お客さまがお帰りになるときは、一緒にエレベーターに乗ってビルのエントランスまでお見送りに出るというのが、多くのクラブに共通する一般的な送りのスタイルでしょう。

ただ私のお店は、それとは少し違っています。『クラブ由美』はビルの３階にあるのですが、そこのエレベーターがあまり大きくないため、複数のお客さまだと私たちが一緒に乗れないこともよくあります。でも、店があるフロアのエレベーターホールで「ありがとうございました」だけではどこか味気ないし、そっけない。

そこで開店当時に思いついたのが「先回り」です。3階でお客さまをお見送りし、エレベーターのドアが閉まったらすぐに階段を駆け下りてエレベーターよりも先に1階に到着し、改めてお客さまをお送りする――『クラブ由美』ではこうしてお客さまをお見送りしています。

着物を着たままビルの狭い階段を猛ダッシュする〝舞台裏〟の姿は決して格好のいいものではありません。でもエレベーターのドアが開くとさっき別れたママが出迎えているという状況に、とくに初めての方は「アレ?」と驚かれるんです。「見送られて、また出迎えられて、また見送られるって、何だか得した感じだね」と言ってくださるお客さまもいらっしゃいます。そして、みなさん笑顔でお帰りになられるのです。

股関節の手術が成功した今だからこそ、以前のような「先回り」ができるようになりました。

こうしたちょっとしたサプライズを伴ったお見送りで楽しい時間の最後を締めくくる。これも『クラブ由美』が大事にしているおもてなしなのです。

この「先回り」という姿勢にこそ、おもてなしの本質があると私は考えています。お客さまへのニーズを察知して、お客さまに頼まれる前に対応する。お客さまの行動を先読みして、的を射た、それでいて押し付けがましくなく、さりげないフォローをして差し上げる。おもてなしの「原点」はここにあるのです。

言われてからやるのは誰にでもできます。だからこそ、言われる前に行動する先回りの姿勢が求められるのです。

そのためにはお客さまへの気配り、目配り、心配りが不可欠なのは言うまでもありません。お客さまは今、何をしてほしいのか。どんな対応をすれば喜んでいただけるか——。**おもてなしとは、観察力であり、想像力であり、お客さまのニーズを見逃さない気づき力**なのです。

知り合いの編集者の方は旅行先で、ご夫婦やカップル、お友達連れなどで交代交代に写真を撮っている人を見かけると、できるだけ「もしよろしければ写真、撮りましょうか?」と声をかけるようにしているそうです。

せっかくみんなで来ているのだから、全員での写真を撮りたいのではないか――。その想像力とほんの少しの勇気でその人たちに喜んでもらえる。そんなちょっとした先回りの気遣いで、旅もいっそう楽しくなるのだと。これも、ひとつのおもてなしの心と言えるでしょう。

おもてなしとは、突き詰めれば「さりげなく相手を気遣う気持ち」のこと。接客の仕事だけでなく、どんな仕事においても、仕事を離れた日々の暮らしにおいても常に大切にしたい、人としてのやさしさなのだと、私は思うのです。

ただし、先回りも程度問題。過剰なまでに先回りしたり、先読みをし過ぎると、かえってお客さまに負担をかけたり、ときには不快な思いをさせてしまうことも。繰り返しになりますが、あくまでも「的を射て、それでいて押し付けがましくなく、さりげなく」が重要だということも忘れないでください。

由美ママのマイルール㊻

自分を磨き、学ぶことを忘れない

学びをやめるのは死の始まり――これは、かの有名な物理学者アルベルト・アインシュタインの言葉です。

仕事でも人生でも、学ぶことをやめてしまったら、そこで成長も止まってしまいます。学生の本分は勉強とも言いますが、勉強は学生だけの特権でもなければ、学生だけに課せられた義務でもありません。学校を卒業して「勉強ともおさらば」と喜んでいてはダメ。**学びは、一生涯続いていくもの、続けるべきもの**なのですね。

私たちの仕事も同じです。お店に来られるお客さまには政財界をはじめとする各界のトップクラスの方々も大勢いらっしゃいます。そうしたお客さまと直接お話をさせていただくのですから、私たちも「ただかわいいだけ」「ただきれいなだけ」「ただノリがいいだけ」では到底務まりません。そのためには常に自分の中身を磨くこと＝知性や教養を身につけることが求められるのは当然のこと。話題といえばファッションか芸能ネタしかないようでは、銀座で求められる一流のおもてなしはできないのです。

とはいえ知性や教養とは、明日明後日といった短いスパンで身につくものでも磨かれるものでもありません。だからこそ、「学び」の積み重ねが不可欠になるのです。

新聞やニュースを毎日チェックして世の中の出来事を把握する。幅広いジャンルの本を読んだり、映画を見たり、美術展などに出かけたりして感性を磨き、知識を深める。そうした日々の勉強や自分磨きを怠らない姿勢は、お客さまにも自然と伝わるもの。努力の積み重ねは会話の端々ににじみ出てくるものです。そして、お客さまはそういう女性をとても大事にしてくださるのです。

また、「このことなら誰にも負けない」「このジャンルなら自信がある」という自分なりの〝一芸の強み〟を持つのもいいでしょう。

映画が大好きで誰にも負けないくらい観ているなら、映画好きなお客さまとはすぐに話が盛り上がりますし、読書好きなら本好きのお客さまと話題を共有することができます。

私にはかつて山登りの趣味もあり、一時期は「百名山完登」を本気で目指していました。するとやはり、山好きのお客さまとは登山の話であっという間に意気投合でき、山好きならではの話で大いに盛り上がります。そして「今度、同じ登山仲間の〇〇社長を連れてくるよ」などとなって、新しいご縁が広がることも少なくありません。

ひとつでも「これだけは負けない」というものを持つ。趣味や特技、好きなことを徹底的に極めてみることもまた、自分磨きのひとつなのです。

さらに、お客さまとの会話で知ったことに興味を持って、それについての勉強を始めるという姿勢も大事です。同じレベルとまではいかなくても、お客さまに「話し甲斐がある」と思っていただけるくらいにはお相手できるようになろうと、いろいろ調べてみる。関連の本を読んでみる。そうすることでお客さまと話題が盛り上がるだけでなく、自分自身の知性がより深く、教養の幅もより広くなります。すると今度は、ほかのお客さまとの会話に活かすこともできるでしょう。
お客さまにいただいたキッカケで自分が勉強するようになり、身についた知識や教養が、仕事や自分の成長にフィードバックすることも往々にしてあるのです。

常に勉強する。常に学びを忘れず、自分を磨く。そうして知識や教養の引き出しを増やす。引き出しが多いほど深いほど、お客さまとの接点も多く、広く、深くなります。

お店でニコニコしながらお酒のお相手をするだけがおもてなしではありません。お客さまのために自分の中身を磨く。お客さまの満足のために引き出しを増やす努力をする。「おもてなしができる自分になる」こともまた、おもてなしなのです。

♛由美ママのマイルール㊼

褒め上手はおもてなし上手

人は誰しも自分のいいところを見てもらいたい、見つけてもらいたいと思っているもの。大なり小なり自己承認欲求を持っているものです。

褒められて嫌だと思う人はいません。照れ隠しで「そんなことはない」などと謙遜してみせても、みな心の中では嬉しく思っているものですから。いくつになっても自分の長所や優れているところ、こだわっていることなどを認められ、肯定され、褒められ、共感されると、この上なく嬉しく、気分がよくなる。これは人としてのごく自然な感情なのです。

そうした意味で、お客さまのいいところを探して見つけて、さりげなく褒めて差し上げることは、お客さまに喜んでいただくための「おもてなし」のひとつと言えるでしょう。

なかには「お客さまを褒める＝心にもないお世辞やおべんちゃらを言う」と考える人もいるかもしれません。でも、それは違います。**人のいいところを見つけて褒めるとは、「人を『足し算』で見る」ということ。「この方のいいところは、素敵なところはどこだろう」という視点で観察し、プラス評価を積み上げていく意識を持って人と向き合うこと**なのです。

ここで、私がお店に限らずプライベートな会話でも常に意識している「褒め方の極意」をお教えしましょう。それは、「褒めた後に、もう一歩踏み込む」というもの。これを意識すれば、お客さまに喜んでいただけるのはもちろん、より場が和み、より話題が広がり、より印象に残るはずです。

ネクタイを褒めるという〝王道〟を例にとってみましょう。まずは、

「そのネクタイ、素敵ですね」

と、正面からストレートに褒める。これが基本なのは言うまでもありません。

もちろんこれだけでも悪くはないのですが、人によっては、「そんなことない」と謙遜されるケースも少なくありません。照れ屋の方や無口な方だと、そこで会話が終わってしまうことも。

そこで、さらにもう一歩踏み込んでみるのです。例えば、

「いつも素敵なネクタイをされていますが、ご自分で選ばれるんですか？」
「お店は決めていらっしゃるんですか？」
「センスがいいですね。ひょっとして絵画とかデザインを勉強されてました？」

というように、褒めた後に質問をプラスすれば、その方の〝いいところ〟に関する話題で会話を広げていくことができるでしょう。

すると、お客さまには「ネクタイを褒められた」だけでなく、「自分のセンスを評価されて、その話で盛り上がった」という印象を持っていただけます。その会話が楽しくないはずがありません。

つまり、褒めるという行為そのものよりも、褒めることを糸口にしてお客さまのいいところを話題にすることのほうが重要だということ。「褒めること」が会話の潤滑油になると言われているのは、こういうことなのです。

褒められたお客さまが笑顔になって気持ちよくお話をしてくださると、こちらも「自分のことのように嬉しい」もの。その満足感や幸福感によって、「人のいいところを見つけよう」という私たちのおもてなし意識もさらに高まっていきます。褒め言葉は「人のためならず」なのですね。

人が褒められると嬉しいのは、「自分のことをちゃんと見てくれている」と感じるから。お客さまにそう思っていただくことは、お客さまと真摯に向き合っている証しでもあります。ですから、おもてなし上手は「いいところ見つけ上手、褒め上手」なのです。

由美ママのマイルール㊽

『クラブ由美』ブランドを守る

銀座でクラブを開くからには「一流」と呼ばれたい――私はずっとそうした思いを持って仕事を続けてきました。

そもそも「一流の店」とはどういう店なのでしょうか。クラブを称するにあたって、「一流」と似たニュアンスで使われる表現に「高級」があります。

しかしながら、高級とはあくまでも「高価であること＝値段が高い」に過ぎません。お金をかけて贅を凝らし、高額な料金設定をすれば、自己申告で「ウチは高級店」と名乗ることができます。

しかし「一流」は違います。一流とは「質や品性が高いこと＝値打ちが高い」という意味だと私は考えています。

さらに、**一流は自己申告で名乗ることができません。お客さまが、世間様が、「ここ**

は一流だ」と認めてくださって初めて、その店は一流になれるのです。高級は自己評価でも成立するけれど、一流は他者評価によってのみ認められるものなのです。

そのお店が高級かどうかは値段を見ればわかります。では、一流かどうかは何をもって判断すればいいのか。それは「お客さま」です。お客さまとは、つまり客層のこと。一流のお店とは、一流のお客さまが常連になっている店のことをいうのです。

一流のお客さまとは、単に社会的地位が高い人とかお金持ちのことではありません。もちろん、そうした人のなかにも一流の人はいます。一流の生き方で、その地位や財産を築き上げてきた人もいらっしゃいますから。でも、お金があれば、社会的地位があれば、みな一流かというと、そうではないのです。

では**一流の人を測る基準とは何か。それはやはり「人柄」に尽きる**のです。

例えばお店の価値観に共感し、その店を一緒に育てよう、守っていこうという思いを持ってくださる方。ほかのお客さまに迷惑をかけず、むしろお店の雰囲気やほかのお客さまの様子にまで気を配ってくださる方。「その方が常連になっている店なら行ってみたい」と思われるような人望のある方――。そうした心意気を持ったお客さまを「一流」と呼ぶのだと私は思います。そうしたお客さまに支えられ、育てられ、守られるからこそ、そのお店は一流へと育っていくのです。

銀座のクラブに限らず、お店というのはお客さまに評価され、お客さまで評価されるもの。ありがたいことに『クラブ由美』は銀座で40年もの長きにわたって「老舗の一流クラブ」と評価していただけていますが、それはひとえに、これまで私と店を支え、守り、育ててくださった一流のお客さま方のおかげなのです。

ですから私には、お客さまとともに築き上げてきた『クラブ由美』というブランドを守り続ける責任があるのです。認めてくださったお客さま方に恥ずかしくない、安心していただける、喜んでいただける品位のある雰囲気、品格の高い客層を守り続けることこそが、恩あるお客さまへの最大のおもてなしだと思っています。

かつてバブルで世の中全体がイケイケドンドンで浮足立っていた頃には湯水のように大金を落としてくれるお客さまも大勢いらっしゃいました。売り上げだけを考えれば

〝いいお客さま〟なのですが、『クラブ由美』の雰囲気にそぐわないと判断した方はきっぱりお断りしていました。また、バブルが弾けて景気が一気に低迷したときや昨今のコロナ禍で店の存続が不安に晒されたとき、目先の売り上げだけにとらわれて誰も彼もお客さまとして受け入れることもしませんでした。

さらに世の中の景気がいいときでも値上げせず、景気が悪くなっても値下げすることをしていません。売り上げ至上主義に走って、お客さまと築き上げてきた『クラブ由美』のブランドが棄損されることだけは何としても避けたかったからなのです。この先、時代が変わり、世の中の情勢が変わっても、私はそのやり方を貫き通すつもりです。

時代の変化にも柔軟に対応して、上手に世の中にキャッチアップしながらも、築き上げてきた店のブランドや誇り、客層を守り抜き、何よりも支えてくださるお客さまを大切にする。

その心意気こそ、私が自負する『クラブ由美」の変わらないおもてなしなのです。

おわりに

最後まで読んでいただき、ありがとうございました。
本書ではさまざまな角度から〝由美流・仕事と人生の哲学〟を書き綴ってきましたが、その根底にあるのは、「ビジネスも人生も、その本質は『人』にある」という思いです。

「こうなりたい」「こう生きたい」という夢や希望を持てるのも、人だからこそ。
挫折に心が折れそうになるのも、奮い立って乗り越えられるのも、人だからこそ。
言葉のキャッチボールで通じ合えるのも、すれ違ってしまうのも、人だからこそ。
自分を高めるために学び、成長することができるのも、人だからこそ。
相手を気遣い、思いやる気持ちを持てるのも、人だからこそ。

人と出会い、人とつき合い、人を思い、人から学び、人と共感し、人と共有し、人と支え合う。どれだけテクノロジーが進化を遂げようとも、私たち人間の営みは「人」との関係と切り離すことなどできません。

これまでにもビジネスに関する本を何冊か出版してきましたが、その都度、「人と向き合うこと」の重要性を、繰り返し述べさせていただきました。なぜなら、それこそが「普遍的な仕事の原理原則」にほかならないと信じているからです。

私が曲がりなりにも〝花の銀座〟の片隅に自分のお店を構え、40年間にわたってクラブのママという仕事を続けてこられたのも、全身全霊をかけて、真剣に、お客さまをはじめとする「人」と向き合ってきたからだと改めて思っています。

世界規模での感染症の流行、終わりの見えてこない国と国の諍《いさか》い、長引く不況や経済不安、世の中に暗い影を落とす事件や事故――。なかなか先の見えない時代だからこそ、人に意識を向け、人の心を察し、人の感情に思いを馳せる姿勢なしには、ビジネスでの成功も、人生の充足もあり得ないと思います。

ビジネスは、人生は、「人」がすべて――。

本書を通じて、時代が変わろうが、社会情勢が変わろうが、決して変わることのない

「不易の真理」を、みなさまとともに共有することができれば幸いと思っております。

最後になりますが、本書を出版するにあたって多大なお力添えをいただいた『クラブ由美』のお客さまをはじめとする多くの方々に、この場を借りて厚く御礼申し上げます。

2023年3月

『クラブ由美』オーナーママ　伊藤由美

銀座のママに「ビジネス哲学」を聞いてみたら

40年間のクラブ経営を可能にした、なるほどマイルール48

著者　伊藤由美

2023年5月5日　初版発行

伊藤由美（いとう・ゆみ）
銀座『クラブ由美』オーナーママ、東京生まれの名古屋育ち。18歳で単身上京。1983年4月、23歳でオーナーママとして「クラブ由美」を開店。以来、“銀座の超一流クラブ〟として政治家や財界人など名だたるVIPたちからの絶大な支持を得て現在に至る。本業の傍ら、公益財団法人動物環境・福祉協会『Eva』の理事として動物愛護活動を続ける。著書に『スイスイ出世する人、デキるのに不遇な人』『できる大人は、男も女も断わり上手』『「運と不運」には理由があります』（いずれもワニブックス【PLUS】新書）などがある。

発行者　佐藤俊彦
発行所　株式会社ワニ・プラス
〒150-8482
東京都渋谷区恵比寿4-4-9 えびす大黒ビル7F
電話　03-5449-2171（編集）
発売元　株式会社ワニブックス
〒150-8482
東京都渋谷区恵比寿4-4-9 えびす大黒ビル
電話　03-5449-2711（代表）
装丁　橘田浩志（アティック）
柏原宗績
カバー写真　初沢亜利
編集協力　柳沢敬法
DTP　株式会社ビュロー平林
印刷・製本所　大日本印刷株式会社

ISBN 978-4-8470-6206-3
ワニブックスHP　https://www.wani.co.jp